전쟁으로 읽는
중국사

인류와 함께 시작된 전쟁,
그 흐름으로 보는 중국 이야기

조관희 지음

전쟁으로 읽는
중국사

청아출판사

전쟁은 인류의 역사와 함께 했다. 그만큼 수많은 전쟁이 일어났고, 현재도 진행 중이다. 전쟁의 사전적 정의는 "국가적 무력 충돌. 둘 이상의 서로 대립하는 국가 또는 이에 준하는 집단 간에 군사력을 필두로 한 수단을 써서 상대에게 자신의 의지를 강제하려는 행위 또는 그 상태"를 말한다. 결국 전쟁이 일어나는 것은 인간들 사이의 이해 충돌 때문이라고 할 수 있다. 자신들이 원하는 바를 얻기 위해 동원하는 강제적인 수단이 전쟁이다.

오랜 역사를 이어온 중국에서는 당연히 이루 헤아리기 어려울 정도로 많은 전쟁이 있었다. 상고시대부터 현대에 이르기까지 어떻게 보면 중국 역사는 전쟁의 역사인지도 모른다. 아무리 전쟁이 많았다 해도 모든 전쟁이 다 똑같은 의미를 갖는 것은 아니다. 그중에는 이른바 시대의 한 획을 긋는 큰 의의가 있는 전쟁이 있는가 하면 별 다른 주목을 받지 못하는 그저 그런 전쟁들도 있다. 이 책에서는 중국 역사에서 그 나름의 큰 의미를 갖는 전쟁들을 선별하여 독자들에게 소개하고자 한다.

첫 번째로 소개하는 전쟁은 신화 전설시대의 것으로 '반취안阪泉(판천)의 전쟁'이라 부른다. 이것은 중국인들이 자신들의 조상으로 여기는 황제黃帝와 염제炎帝의 싸움으로, 중국인들은 이 전쟁에서 이긴 황제를 시조로 여기고 있다. 한마디로 황제는 우리의 단군 정도에 해당하는 인물이다. 여러 부족의 우두머리 가운데 하나였던 황제가 염제와 있었던 최후의 결전을 통해 중원의 각 부족을 대표하는 인물로 부상했으며, 이후 중화 민족의 시조로 떠받들어졌다. 그런 의미에서 '반취안의 전쟁'은 중화 민족 역사의 시작을 알리는 전쟁이라 할 수 있다.

그다음은 은殷나라를 대신해 주周나라가 건국하게 된 계기가 되었던 '무예牧野의 전쟁'이다. 주나라가 등장하면서 왕과 황제가 '하늘의 뜻天命'을 지상에서 구현하는 '하늘의 아들天子'이라는 이른바 '천명사상'이 확립되었다. 이 외에도 주나라의 체제는 후대의 왕조에 많은 영향을 주었다. 그런 의미에서 주나라는 중국 역사에 등장한 여러 왕조의 대표 격인 일종의 원형archetype이라 할 수 있다. 그래서 쿵쯔孔子(공자)도 여러 번 주나라의 공덕을 칭송한 바 있다. 그런 주나라의 성립을 완성한 것이 은나라와 최후의 결전으로 벌인 '무예의 전쟁'이다.

하지만 주나라 시대는 교통과 통신이 발달하지 않아 영토 전체를 다스릴 수 없었다. 그래서 고안해 낸 것이 '봉건제도'이다. 봉건제도는 주나라 왕실의 친족들과 공신들을 여러 지역에 분봉해 주나라를 종주국으로 떠받들되 자신들 지역에서의 자치권을 부여한 것이다. 그런데 시간이 흐르면서, 이들 제후국들은 하나의 독립국이 되어 주나라의 지배에서 벗어났다. 그래도 춘추시대에는 아직 주나라 왕실을 존중하는 풍토가 남아 있었고, 여러 제후국들 가운데 가장 힘이 강했던 패자覇者가 등장해 주나라를 대신해 천하의 질서를 바로잡았다. 여기에 반기를 든 것이 남방의 초楚나라였는데, 당시 패자였던 진晉나라가 중원의 제후국들을 대표해 청푸城濮(성복)에서 초와 맞서 싸웠다. 이 싸움에서 진이 승리함으로써 춘추시대의 대표적인 덕목인 '존왕양이尊王攘夷'를 지켜 낼 수 있었다.

춘추시대는 진이 한韓·위魏·조趙 세 나라로 삼분되면서 역사 속으로 사라지고, '약육강식'의 전국시대로 접어들게 된다. 주나라가 봉건제도를 시행한 이래로 천하는 사실상 수많은 나라로 분열되어 있었다. 분열의 시대가 오래 지속되면서 그로 인한 불편함도 누적되었다. 무엇보다 장기간에 걸친 제후국 간의 전쟁은 백성들의 삶을 피폐하게 만들어 천하통일이 하나의 대세이자 시대적 요구가 되었다. 이를 위해 여러 나라가 암중모색하던 차에 변방의 진秦이 강대국이 되어 이를 주

도했다. 우여곡절 끝에 진은 여러 나라를 병탄하고 조나라와 창평長平
(장평)에서 최후의 일전을 벌이게 된다. 이 전쟁에서 진이 조나라 군사
를 궤멸시키고, 결국 천하통일의 위업을 달성하게 되었다.

　그러나 진의 통일 제국은 오래가지 못하고 한이 그 자리를 대신하
게 된다. 그리고 세월은 흘러 한나라 말기에는 여러 영웅호걸이 다투
어 나타나 천하를 쟁패하게 되는데, 그 결과 위魏·오吳·촉蜀 세 나라
가 천하를 삼분하였다. 이른바 '삼국시대'가 시작된 것이다. 그 이후 쓰
마司馬(사마)씨가 다시 천하를 통일할 때까지 수많은 전투가 벌어졌다.
그중에서도 차오차오曹操(조조)가 중원의 패자로 등장하게 되는 '관두官
渡(관도)의 싸움'과 위·오·촉 삼국정립의 계기가 되는 '츠비赤壁(적벽)의
싸움' 그리고 삼국의 균형이 무너진 '이링夷陵(이릉)의 싸움'이 삼국시대
의 '삼대 전투'라 할 수 있다.

　삼국 가운데 가장 강력했던 것은 위나라였지만, 삼국을 통일한 것
은 앞서도 언급한 바와 같이 엉뚱하게도 쓰마씨의 진晉나라(서진西晉)였
다. 하지만 진은 혈족간의 내분으로 골육상잔이 벌어졌고, 그 틈을 타
북방의 유목민족들이 중원을 침범해 이른바 '오호십육국의 시대'가 시
작되었다. 유목민족들에게 쫓겨난 진이 창장長江(장강) 이남에 터를 잡
고 동진東晉 왕조를 세워 근근이 명맥을 이어가는 사이, 북방에서는 전
진前秦의 푸젠苻堅(부견)이 중원을 통일하고 천하통일을 꿈꾸었다. 이에

대군을 동원한 푸젠의 군대는 페이수이泄水(비수)에서 동진의 군대와 일전을 벌였으나 패배해 전진 역시 멸망했다. 그 뒤로 남과 북은 수隋가 다시 천하를 통일할 때까지 남북조시대를 이어가게 된다. 이로 인해 그때까지 황허黃河(황하) 이남과 창쟝 이북의 중원을 중심으로 전개되었던 중국의 역사는 창쟝 이남으로까지 그 영역이 확장되었다. 이후 강남 지역은 중국 역사의 중심지가 되었고, 북방 유목민족 역시 한족과 결합해 이른바 '호한胡漢' 체제를 열어가게 된다.

이후 중국의 역사는 황허 이남과 창쟝 이북의 중원을 벗어나 그 영역이 크게 확장된다. 아울러 한족 중심의 역사에서도 벗어났다. 앞서 말한 바와 같이 북방 유목민족이 본격적으로 중원에 진출해 자신들의 왕조를 세운 것이다. 수와 당唐이 그러했고, 송宋대에 이르러서도 요遼와 금金 같은 왕조가 등장했다. 급기야 몽골족이 유라시아 대륙을 석권하는 대 제국을 세웠으나 그리 오래가지는 못하고, 다시 한족의 명明 왕조가 수립된다.

그러나 명 왕조는 태조 주위안장朱元璋(주원장)과 그의 아들 영락제永樂帝의 시기를 지나면서 무능한 황제들이 등장해 국력이 급격하게 쇠약해졌다. 거기에는 환관과 외척의 발호라는 중국사에서 빈번하게 나타나는 폐해가 크게 작용했다. 이것은 역대의 다른 왕조에서도 나타난 현상이지만, 명대에 특히 그 해독이 심했다. 그러던 중 몽골족 일파인 오이라트부가 힘을 키워 중원을 침략해 당시 황제인 정통제가 포로로 사로잡히는 일이 벌어진다. 풍전등화의 위기 상황에 명 조정은 위쳰于謙(우겸)을 중심으로 일치단결해 오이라트부의 수장인 에센의 베이징성 공격을 성공적으로 막아 냈다. 이는 북방 유목민족에 의해 다시 한 번 중원이 유린되는 사태를 막아 낸 것이다.

　　그러나 결국 명 왕조는 사라지고, 또 다른 북방 유목민족인 만주족이 그 자리를 대신하면서 청淸나라가 들어서게 된다. 청은 강희, 옹정, 건륭의 전성기를 보내고 난 후 쇠락기에 접어들면서, 공교롭게도 산업혁명의 성공으로 제국주의 단계에 접어든 영국과 일전을 벌이게 된다. 이 전쟁은 앞서 인용한 사전적 의미 그대로 영국이 중국에 "자신의 의지를 강제하려는 행위"의 일환으로 일어났다. 영국이 차와 비단 등의 수입으로 인해 생긴 무역 역조를 바로잡기 위해 중국에 아편을 강매하기 위해 벌인 전쟁이다. 전쟁은 영국의 승리로 끝나고, 중국은 치욕적인 불평등조약을 맺음으로써 서구 열강들의 먹잇감으로 전락하게 된다. 그뿐 아니라 중국은 그때까지 세계의 중심으로 자부했던 중화사상에 종말을 고하고, 세계사의 일부로 편입되었다.

　　영국의 전쟁사가 크리스 피어스Chris Peers는 중국의 전쟁 양상을 다음의 세 가지로 개괄한 바 있다. 첫째, 중국의 역사를 통일과 분열의 순환으로 이해하는 것이고, 둘째, 중국의 전쟁사는 결국 5천 년에 걸친 농경민족과 유목민족 간의 끊임없는 전쟁과 동맹의 과정으로 파악하는 것이며, 셋째, 통일과 분열의 과정에서 자주 일어난 '농민군 봉기'를 중시한 것이다. 이 중에서도 농민봉기는 왕조의 말기에 일어났으며, 다음 왕조의 창업자는 대개 이들 농민군에 의지해 천하의 패권을 얻었고, 동시에 이것은 이민족의 침략과 겹치는 경우가 많았다. 여기서 흥미로운 것은 관료와 지식인에 해당하는 한족 사대부들은 농민군에 협력하기보다는 차라리 이민족 정복 왕조에 귀순하는 태도를 취했다는 사실이다. 결론적으로 중국의 분열과 통일의 시기에는 한족 농민군과 한족 사대부, 이민족 정복 왕조의 이해관계가 서로 얽히면서 역동적인 모습을 연출한 전쟁사인 것이다.[1]

뭐가 됐든 중국의 역사는 전쟁으로 점철된 역사라고 해도 과언이 아니다. 그만큼 중국 역사에는 수많은 전쟁이 있었다. 그뿐만이 아니다. 이런 전례를 놓고 볼 때, 앞으로도 중국은 어떤 상대와 무슨 명목으로 전쟁을 또 치러야 할지 모른다. 전쟁은 많은 사람에게 고통을 주기에 가급적이면 피해야 한다. 그러나 옛 사람들이라고 해서 그런 사실을 몰라서 전쟁을 하지는 않을 것이다. 결국 자신들의 이익을 관철하려는 인간의 욕망이 사라지지 않는 한 전쟁은 앞으로도 계속 이어질 것이다.

이 책은 앞서 출간된 『조관희 교수의 중국사』에 바탕해서 주요 전쟁 부분을 확대 기술한 것이다. 따라서 일부 내용은 『조관희 교수의 중국사』에서 그대로 발췌 인용한 경우도 있다는 것을 밝혀 둔다.

2022년 봄을 기다리며
지은이

차례

일러두기
이 책에 나오는 중국인들의 인명과 지명은 고대나 현대를 불문하고 모두 원음으로 표기하되, 이로 인한 다소간의 혼란을 막기 위해 잠정적으로 다음과 같이 절충해 표기했다. 이를테면, 쓰마쳰(司馬遷, 사마천). 아울러 중국어의 한글 표기는 문화체육부 고시 제1995-8호 '외래어 표기법'에 의거하되, 여기에 부가되어 있는 표기 세칙은 적용하지 않았다.

신화 전설시대의 전쟁,

반취안의 전쟁

염황의 자손

'동북공정東北工程'이란 말을 들어보았는가? 아마 대부분의 사람이 고개를 끄덕일 것이다. 그렇다면 '탐원공정探源工程'이란 말은 들어보았는가? 이 말은 거의 대부분의 사람이 들어본 적이 없을 것이다. 여기서 '탐원'은 근원을 찾는다는 뜻이니, '탐원공정'은 중국인들이 '자신들의 뿌리를 찾아가는 하나의 프로젝트'라 할 수 있다. 곧 중국인들이 자신들 역사의 시발점을 어디에 두고, 자신들의 조상을 어디서 찾을 것인가에 대한 물음이다.

역사 시기는 '기록'과 이를 뒷받침할 '유물'의 존재로 확정된다고 할 때, 중국의 역사는 대개 은殷이라는 왕조부터 시작된다는 것이 정설이다. 그 이전에 우리에게도 익숙한 우禹 임금이 세운 하夏라는 왕조가 있었지만, 아직까지는 이것이 존재했다는 것을 증명해 줄 유물이 발견되지 않아 정식 역사로 인정받지 못하고 있다. 그런데 중국인들은 역사 유물의 발견 없이도 자신들의 역사 연대를 하나라를 넘어서 우리가 '신화'나 '전설'의 시대라 일컬었던 그 이전 시기까지 끌어올렸다. 여기서 그치지 않고 기록으로만 남아 있는 역사를 확증하기 위해 공격적으로 기념물들을 건립함으로써 아예 그 존재를 사실로 만들어 버렸다. 대표적인 것이 '삼황오제'에 대한 소환이다. 삼황오제란 말 그대로 신화 전설 속의 인물들이 아니던가? 심지어 삼황오제가 누구인지에 대해서조차 많은 설이 존재하는 게 현실이다. 누구인지 특정하기도 애매한 인물들의 능을 세우고 거대한 기념물들을 조성해 역사에 실존했던 인물로 만들어 버리고는 자신들의 조상이 다름 아닌 '황제'와 '염제'라고 결론 내렸다.

물론 이러한 시도가 현대에 들어와서 처음 시작된 것은 아니다. 중국 역사를 본격적으로 기술한 최초의 사례라 할 수 있는 쓰마첸司馬遷(사마천)의『사기史記』만 해도 황제로 시작한다. 곧 역대 왕들의 연대기를 다룬『본기本紀』는 신화 전설상의 인물들인 오제五帝에서 한무제漢武帝까지를 대상으로 하고 있는데, 그 가운데 오제에 대한 구체적인 기술인「오제본기」는 다음과 같이 시작한다.

> 황제는 소전少典의 자손으로 성을 궁쑨公孫(공손), 이름은 헌원軒轅이라 불렀다. 태어나면서부터 신령스러웠다. 태어난 지 얼마 되지 않아서 말을 했다. 어려서는 영리하였고, 성장하면서는 성실하고 민첩했으며, 장성해서는 총명했다.

이렇듯 황제는 오래전부터 중국 역사의 시조로 떠받들어졌다. 그리고 황제와 함께 언급되는 염제 역시 황제와 같은 시대 사람으로 이

둘은 서로 경쟁관계였다. 자세한 것은 뒤에 서술하겠지만, 황제와 염제는 서로 싸움을 벌이다가 황제가 최종적인 승리를 거두고 염제가 그에게 복종해 일종의 동맹을 맺음으로써 이 둘은 중화 민족의 조상으로 떠받들어졌다. 그런 까닭에 현대 중국인들은 자신들을 '염황炎黃의 자손'이라 부른다. 이에 그치지 않고, 이들의 무덤을 조성하고 기념물을 세워 이들을 더 이상 신화 전설이 아닌 역사 속 인물로 공식화했다. 이것이 이른바 '탐원공정'의 실체다.

주지하듯이 중국의 현대사는 '반봉건'이라는 내우와 '반제국주의'라는 외환의 이중 굴레 속에서 신음했던 굴욕의 역사였다. 하지만 1980년대 이후 중국은 개혁과 개방을 통해 단기간 내에 비약적인 경제 발전을 이루어냈다. 이를 바탕으로 중국은 현실 사회주의의 몰락으로 20세기 중후반을 관통했던 냉전 체제가 무너진 뒤 세계 유일의 초강대국의 자리에 올라선 미국에 맞설 유일한 대항마로까지 성장했다. 중국은 불과 100여 년 사이에 나락의 끝에서 최정점에 이르는 마치 롤러코스터와 같은 역사 시간을 경험했던 것이다.

이러한 성과를 바탕으로 자신감을 회복한 중국은 자신들의 화려했던 과거 역사를 다시 소환함으로써 국가의 위신을 바로 세우고 민족의 자존심을 높이 일떠세울 필요가 있었다. 이러한 현실적 수요에 부응해 추진된 것이 바로 '동북공정'과 '탐원공정'이다. '동북공정'이 고구려와 같은 주변국의 역사를 자신들의 역사 속으로 편입시켜 중국의 역사 공간을 확대하는 것이라면, '탐원공정'은 그 역사의 상한선을 신화 시대로까지 끌어올려 중국의 역사 시기를 확장하는 것이다.

그런데 이러한 시도가 20세기 말에만 있었던 것은 아니다. 100여 년 전인 19세기 말과 20세기 초 일군의 지식인들은 외세의 침탈로 신음하던 민족의 현실에 비분강개했다. 당시 지배층이었던 그들은 이민족 왕조인 만청滿淸제국에 대한 반감과 그 정부를 타도하고 새로운 법통을 세우기 위해 황제를 혁명의 상징으로 활용했다. 그리고 신해혁명 이후에도 권력자들은 자신의 정통성을 찾기 위한 수단으로 황제를 적극적으로 이용했다. 곧 20세기 초반 혁명을 위해 '황제'의 이름이 필요했던 혁명론자들은 의도적으로 '황제 기념'을 만들어 냈다. 이렇게 등장한 '중화문명 5천년'이라는 클리셰는 이후 "중국인들의 단합이 필요한 순간마다 매우 강력한 힘을 발휘했고, 현대 중국의 보수주의자들은 '5천 년 콤플렉스'에 걸렸다고 해도 과언이 아닐 정도로 '중화문명 5천년'에 집착"하게 된다.[2] 곧 현재 우리가 중국 역사를 이야기할 때 '5천 년 역사'라고 부르는 것은 근대 이후이고, 이것은 자신들의 정통성을 확보하기 위한 정치적인 의도에서 만들어졌다는 것을 알 수 있다.

탐원공정은 그러한 시도의 정점에 있는 것으로 이보다 앞선 시도들이 구호나 주의 주장에 그쳤던 데 반해, 최근에는 황제나 염제 등의 능묘를 조성하고 기념물을 세우는 등 우리의 예상을 훨씬 뛰어넘는 적극성을 보이고 있다. 이를테면, 산시성山西省(산서성) 서남부 린펀시臨汾市(임분시)에는 어마어마한 규모의 요임금의 묘堯廟가 지어졌고, 산시성陝西省(섬서성) (그 이름부터가 황제를 참칭하고 있는) 황링시黃陵市(황릉시)에는 황제의 거대한 능이 있으며, 허난성河南省(하남성) 링바오靈寶(영보) 처우딩위안鑄鼎原(주정원)에도 황제의 능이 있다. 또 허난성 신미시新密市(신밀시)에는 염황광장炎黃廣場이 만들어졌는데, 그곳엔 염제와 황제의 거대한 조각물이 서 있다. 정저우시鄭州市(정주시) 황허유람구黃河遊覽區에도 역시 염황이제炎黃二帝의 상이 있으며, 황제의 고향이라 전해지는 신정시新鄭市(신정시)에는 허허벌판에 거대한 황제기념관과 황제 소상 그리고 엄청난 규모의 정鼎 등이 세워져 있다. 이런 건축물들을 한꺼번에 아우르는 건축물이 바로 1998년 허베이성河北省(화북성) 줘루涿鹿(탁록)에 세워진 중화삼조당中華三祖堂이다. 이곳은 전설 속의 삼황을 한데 모신 곳으로, 여기에 황제와 염제 그리고 치우의 거대한 상을 만들어 놓고 그 상 뒤에 그들의 일생을 화려한 벽화로 그려 놓았다.

이렇듯 그 존재 자체를 확증할 수 없는 신화시대의 인물들에 대한 무덤 등에 집착하는 것에 대해 베네딕트 앤더슨Benedict Anderson은 '상상적 공동체'라는 용어로 설명했다. "애당초 10억 명이 넘는 인구의 90퍼센트 이상을 차지하는 '한족漢族'이라는 개념이 가능했던 것 역시 한족이라는 말이 결국 일종의 '상상적 공동체'가 분명하기 때문이다."[3] 언필칭 같은 한족이라도 드넓은 지역적 분포로 인해 그 외양이나 언어 등이 다르고 큰 편차를 보이고 있는 게 사실이다. 그럼에도 이렇게 거대한 집단이 인종적으로나 민족적으로 동일한 혈연을 갖고 있다고 주장하는 것은 한족이라는 것을 하나의 과학적이고 객관적인 현실로 받아들이기보다는 어떤 정치적 의도에 의해 관념화된 개념으로 봐야 한다는 것이다.

이렇듯 황제를 비롯한 신화 속 인물들을 현재라는 시점에 소환하여 그들과의 접점을 찾아내려 애쓰는 것은 결국 "역사적 혹은 문화적

중화삼조당 ⓒ 조관희

기억과의 접점을 찾아내 민족의 동질성을 강화하려는 의도 때문"이다. 이렇게 볼 때 "황제와 복희와 요와 순의 무덤은 바로 민족을 하나의 혈연으로 묶어 줄 수 있는 공동의 기억을 기탁할 수 있는 공간"으로 이런 "무덤을 통해 민족은 공공의 기억을 갖게 되고, 그 새롭게 창조된 추억을 통해 민족은 동질성을 확보할 수 있"게 되는 것이다.[4] 그런 까닭에 중국인들에게 황제와 염제의 실존 여부는 그리 중요한 문제가 아닌지도 모른다. 그보다 중요한 것은 현재를 살아가는 중국인들이 자신들의 뿌리라 할 수 있는 조상의 존재를 황제와 염제 두 인물에게 기탁하고 있다는 사실이다. 그래서 중국인들은 감히 말한다. 자신들은 "황제와 염제의 후손"이라고. 그렇다면 역사에 기술되어 있는 황제와 염제는 과연 어떤 인물이었을까?

염제와 황제는 누구인가?

먼저 춘추시대 각 나라의 역사를 기술한 『국어國語』에서는 "옛날에 소전이 유교有嬌씨와 결혼해, 황제와 염제를 낳았다"[5]고 하였고, 또 "황제는 히메수이姬水(희수)에서 업을 이루었고, 염제는 쟝수이江水(강수)에서 업을 이루었는데, 그 이룸에 따라 덕을 달리했기에, 황제는 희姬를 성으로 삼고, 염제는 강姜을 성으로 삼았다"[6]고 하였다. 하지만 또 다른 설로는 소전의 국비國妃인 유교씨가 염제를 낳았고, 황제는 차비次妃가 낳은 것이라고도 한다. 이 두 가지 설의 공통점은 아비가 같다는 것同父異母인데, 이와 정반대로 어미가 같고 아비가 다르다異父同母는 설도 있다. 곧 한대漢代 쟈이賈誼(가의)의 『신서新書』에서는 "염제는 황제와 어미는 같고 아비가 다른 형제로, 각기 천하를 반분했다"[7]고 하였다.

또 하나 문제는 염제와 신농씨神農氏의 관계다. 일반적으로는 양자를 동일인으로 보아 '염제신농씨'와 같은 용어로 쓰기도 한다. 하지만 쓰마첸의 『사기』를 보면 서한 이전의 전설에서는 염제와 신농씨는 같은 인물이 아니다. 이를테면, 「오제본기」의 기술은 다음과 같다.

산시성陝西省 바오지寶鷄(보계)에 있는 염제릉. 이곳에 염제상이 있다. ⓒ 조관희

신농씨가 쇠약해져 제후들이 서로 침벌하고 백성들에게 포학하게 굴었으나 신농씨를 정벌할 수 없었다. 이에 헌원은 창과 방패의 사용법을 익혀서 조공하지 않는 제후들을 정벌하니 모두 신하로 복종했다. 그러나 포악한 치우蚩尤는 토벌할 수가 없었다. 염제가 제후들을 치려고 하자 제후들이 모두 헌원에게 귀의했다. … 곰·큰 곰·비휴貔貅·이리·범을 길들여 반취안 들에서 염제와 세 번 싸운 끝에 뜻을 이루었다.

이를 두고 청대 학자 추이수崔述(최술)는 "앞 문장에서는 쇠약함을 말하면서 신농씨만 두 번 언급했을 뿐 둘 다 염제를 언급하지 않았고, 뒤 문장에서는 정벌을 말하면서 염제를 두 번 언급하면서도 신농씨는 언급하지 않았다"고 하면서 황제와 싸운 것은 염제이지 신농씨와는 관계가 없다고 하였다. 이후에도 양자가 다른 사람이라는 설은 끊임없이 나왔는데, 후대의 학자들은 이것들이 모두 '염제신농씨'라는 용어의 형성 과정에서 등장한 여러 설 가운데 하나라고 보았다. 애당초 황제와 염제가 싸운 것을 두고 '황염黃炎'이라는 용어가 전국시대의 기록에 이미 보이지만, '염황'이라는 용어는 오히려 이보다 늦은 시기에 출현한 것이라 하였다. 그런 의미에서 반취안에서 양자가 싸운 것은 '황염지전黃炎之戰'이라 해야지, '염황지전炎黃之戰'이라 불러서는 안 된다고도 했다.

한편 고대의 역사 전적에 나오는 염제와 신농씨의 관계에 대한 기록은 대체로 세 가지로 나뉜다. 그중 하나는 염제나 신농씨 하나만 등장하는 것으로 양자의 관계에 대해서 아예 언급을 피하는 것[8]이다. 두 번째는 신농씨와 염제가 동시에 등장하는데, 양자의 관계에 대해서는 명확하게 언급하지 않지만, 맥락상 한 사람이 아닌 듯 기술한 것[9]이다. 세 번째는 염제 신농씨와 열산씨烈山氏, 려산씨厲山氏를 한 사람으로 보는 것[10]이다. 결국 양자의 관계에 대해서는 동일인으로 보는 경향보다는 모호하게 남겨 두어 논란을 피하려는 것이 주류를 이룬다는 사실을 확인할 수 있다.

시간적으로 멀리 떨어져 있는 고대사의 경우 사실 확인이 어려운 것은 당연한 일인지도 모른다. 그래서 영국의 역사가 E. H. 카Edward Hallett Carr도 고대사 연구를 몇 개 남아 있지 않은 퍼즐 조각으로 전체 모습을 그려 내는 것[11]으로 비유하기도 했다. 결국 이 시점에서 황제와 염제 또는 신농씨가 누구인지를 따지는 일은 애당초 불가능할 뿐만 아니라 부질없다는 생각마저 들게 된다. 믿을 만한 기록도 부재하고, 이를 뒷받침하는 유물도 없는데 내용의 진위를 따지는 것은 애당초 가능하지 않으며 큰 의미도 없다는 것이다. 그래서 이것은 다른 각도에서 살펴볼 필요가 있다.

이론의 여지없이 고대에는 동서를 막론하고 부계사회에 앞서 모계사회가 존재했다. 그 흔적이 한자에도 남아 있는데, '성姓'이라는 글자의 편방이 '여女'자로 되어 있는 것이 그것을 방증한다. 황제와 염제의 성인 '희'와 '강' 역시 마찬가지다. 그러나 황제 이후에는 상황이 바뀌어 이미 부계사회로 넘어갔다. 이렇게 보자면 황제와 염제는 당시 각지에 산재했던 여러 씨족 집단 중에서 가장 유력한 두 세력을 대표하는 것으로 보는 게 타당할 것이다. 하나의 세력은 히메수이에 속하는 린유麟游[12]를 근거지로 삼았던 '희씨' 족이고, 다른 하나의 세력은 역시 산시성 경내의 웨이수이渭水(위수) 상류 지역을 가리키는 쟝수이를 근거지로 삼았던 '강씨' 족이다. 이 두 씨족 집단이 세력을 키워 오다 일전을 벌인 것이 바로 '반취안의 전쟁'이다.

싸움의 전개

이들의 싸움에 관한 최초의 기록이라 할 수 있는 쓰마첸의 『사기』 「오제본기」에 의하면, 양자는 "반취안의 들에서 … 세 번을 싸웠다"고 했다. 그리고 황제가 염제와 싸울 때 동원했던 '곰·큰 곰·비휴·이리·범'은 실제 동물이라기보다는 싸움에 동원되었던 부락이 숭배하는 토템을 상징하는 것이라 할 수 있다. 이를테면, 염제 역시 전설에 의하면 "소머리에 사람의 몸牛首人身"을 하고 있었다고 하는데, 이것 역시 염제의 부족이 소를 토템으로 하고 있었다는 것을 의미한다. 곧 황제 측 군사들의 부락을 본부로 삼고, 이 6개 동맹 부락이 그 주변에서 진을 펼쳐 염제와 맞선 것이라 할 수 있다.

개전 초기 염제는 황제 측이 아직 제대로 방어 태세를 갖추기 전에 화공火攻으로 선제공격을 했다. 황제 측 성 밖은 짙은 연기가 하늘을 가릴 정도였는데, 응룡應龍이 물로 화염을 진화했다. 황제는 이 기세를 타고 장수들과 병사들을 독려해 염제를 반취안의 계곡으로 몰아갔다. 이곳에 7개의 깃발을 세우고 별자리 진법을 전개했는데, 염제는 화공이 실패로 돌아간 데다 별자리 진법을 마주하자 하릴없이 일패도지—敗塗地하여 영내로 숨은 뒤 더 이상 응전하지 않았다.

전설에 의하면, 염제는 의약과 농경의 신으로 떠받들어졌다. 황제 역시 염제의 이런 능력을 높이 사 그와 손잡고 문명국가를 세우기로 결심했다. 그래서 염제를 궁지에 몰기보다는 염제의 진영 밖에서 군사들을 조련하면서 다양한 진법을 펼쳐 보였다. 이렇게 3년이 지나면서 황제 측 각 부족의 전투력은 증강된데 반해 염제 측은 그저 그들이 펼쳐 보이는 진법을 관망할 따름이었다. 이때 황제 측 군사들은 진법만 조련한 것이 아니라 다른 한편으로 밤낮으로 염제 진영의 후방으로 침투할 수 있는 굴을 파 들어갔다. 그렇게 어느 날 갑자기 염제의 진영에는 황제의 병사들이 나타나 염제를 사로잡았다.

『사기』의 기록에 의하면, 이 전쟁을 치르는 과정에서 황제는 "세 번을 싸운 뒤 그 뜻을 이루었다三戰然後得其志"고 하였다. 중국어의 어법이 늘 그러하듯 이 '세 번'이라는 것도 숫자가 의미하는 그대로 반드시 '세 차례'의 싸움을 의미하기보다 염제를 복속시키기 위해 오랜 기간 여러 차례 전투와 회유 과정을 거쳤다는 것으로 받아들여야 할 것이다. 과연 황제는 염제를 철저하게 정복하기 위해 손수 염제와 만나 자신과 함께 결맹結盟할 것을 권유했다. 황제의 진심 어린 설득이 통했던 것일까? 드디어 염제는 연맹을 맺고, 그와 연합해 신하가 되어 다시는 황제에게 맞서지 않겠다고 서약했다.

당시 중국은 중원을 중심으로 크고 작은 부족국가들이 산재해 있었다. 황제와 염제의 세력은 그 가운데서도 규모가 큰 부족 중 하나였을 것이다. 이들은 전쟁을 통해 강한 자가 약한 자를 복속시켜 가면서 초기의 부락연맹 형태를 넘어서는 새로운 연합체를 형성해 나갔다. 황제와 염제의 싸움은 그러한 과정의 일단을 보여주는 것이고, 그 결과 황제는 중국 역사에 새로운 장을 열게 되었다.

앞서 황제와 염제의 관계가 '동부이모同父異母'든 '이부동모異父同母'든 한 것은 실제로 그들이 혈연관계였다는 것을 의미한다기보다는 중화 민족의 뿌리가 하나라는 것을 은유하는 것으로 보아야 한다. 황제와 염제로 대표되는 두 집단이 하나가 됨으로써 중국 역사에서 중화 민족의 첫 번째 대 융합의 역사가 쓰여진 것이다. 그 결과 현대 중국인들은 자신들의 뿌리가 황제와 염제에 있으며 그들의 후손이라는 하나의 상징체계를 만들게 되었다.

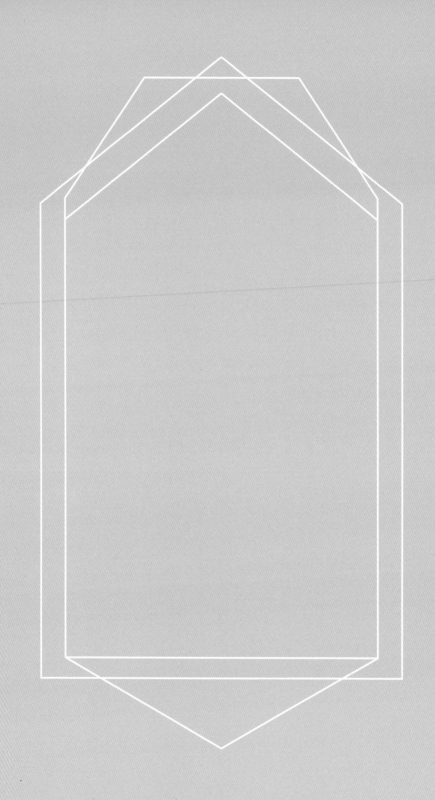

반취안은 어디인가?

현재 시점에서 멀리 떨어진 고대의 역사를 정확하게 고증하는 것은 말처럼 쉬운 일이 아니다. 하물며 황제와 염제에 관한 일들은 역사 기록이나 유물 등이 정확하게 남아 있지 않은 일종의 신화 전설상의 상징적인 의미 정도만 있는 사적들이다. 따라서 현재 반취안이 어디인지 정확하게 지적하는 것은 애당초 불가능한 일인지도 모른다. 이와 별개로 황제와 염제는 초기 중화 민족의 정체성을 이루는 데 중요한 역할을 한 존재였기에 고대나 현대의 중국인들은 자신들의 조상으로 떠받들었다. 그래서 그들과 관련된 사적들이 산이나 강 이름 등 여러 지명에 반영되어 있다. 이 역시 반취안 등 과거의 지명을 고증하기 어렵게 만든 요인이다. 현재 반취안의 정확한 지점이 어디인가에 관해서는 몇 가지 설이 있는데, 대표적인 것이 허베이성 쥐루 설과 베이징 인근의 옌칭延慶(연경) 설, 허베이성 화이라이怀來(회래) 설, 허난성 푸거우扶溝(부구) 설 그리고 산시성山西省 윈청運城(운성) 설 등이다. 그러나 이 가운데 그 어느 것도 학자들로부터 확고하게 지지를 받는 것은 없다고 할 수 있다.

아울러 황제와 염제의 싸움 못지않게 언급되는 것이 황제와 치우의 싸움이다. 쓰마첸이 기록한 바에 따르면, "치우가 황제의 명을 따르지 않고 난을 일으키자 황제는 제후들의 군사를 징발해 줘루의 들에서 치우와 싸워 마침내 치우를 잡아 죽였다"고 하였다. 곧 황제가 염제와의 싸움을 끝낸 뒤 치우와도 싸워 그를 죽였다는 것인데, 이것 역시 현재로서는 고구할 길이 없다. 혹자는 치우가 황제와의 싸움에서 패한 뒤 남쪽으로 쫓겨 가 남방 소수민족의 시조가 되었다고도 한다.

현대의 역사학자인 구제강顧頡剛(고힐강)은 이들에 관한 이야기를 고대에 존재했던 3개의 큰 씨족부락 사이의 알력과 갈등에 대한 것으로 해석했다. 그에 따르면 상고시대에 황허의 중·하류 유역으로 3개의 큰 씨족부락이 들어왔는데, 하나는 '염제'를 우두머리로 하여 서쪽으로부터 온 씨족 부락이고, 둘째는 '치우'를 우두머리로 하여 동쪽에서 온 이인夷人 씨족 부락이며, 셋째는 '황제'를 영수로 하여 서북쪽에서 온 씨족 부락이다. 염제의 성은 강으로, 신농씨라고도 하며, 그의 대 부락은 산시陝西로부터 황허를 따라 동으로 이동하여 허난·산둥山東(산동)에 이르렀다고 한다. 황제의 성은 희이고, 호는 헌원씨라 하는데, 그의 대 부락은 산시陝西 북부로부터 황허를 건너 산시山西(산서)에 이르렀고 다시 타이항산太行山(태항산)을 따라 황허 주변의 각 지역으로 나아가 허베이와 줘루 지구에 이르렀다고 한다. 한편 치우[13]는 이인으로 후에는 '구려족九黎族'이라고 칭했으며, 원래는 산둥 및 동부 지역에 거주했는데, 동쪽으로부터 서쪽으로 이주해 왔다고 한다.[14]

이 세 부족은 서로 대립하다 싸움을 벌이는데, 처음에는 황제의 부락이 서에서 동으로 이동해 오던 염제 대 부락과 충돌하여 전쟁이 일어났다. 반취안이라는 곳에서 벌어진 세 번의 싸움 끝에 염제는 패했고, 그 결과 염제 부락의 무리들은 허베이로 물러가 황제의 대 부락과 연합했다. 그 뒤에 황제와 염제는 함께 치우와의 전쟁에 나섰는데, 줘루에서 벌어진 전쟁은 서로가 팽팽하게 맞서 승부를 가리기 어려웠다. 초기에는 황제가 맹수와 사방의 귀신들과 인간 세계 부족들의 도움으로 맞서 싸웠으나, 비를 뿌리고 안개를 일으키는 치우의 적수가 되지는 못했다.

일설에 치우는 염제의 자손이라고도 하는데, 구리로 된 머리에 쇠로 된 이마를 하고 모래와 돌을 밥으로 먹었다고 한다. 이렇게 치우를 흉악한 괴물의 형상으로 만든 것은 뒤에 중화 민족의 시조로 추앙 받게 되는 황제와 대비시키기 위해서인데, 결국 역사는 승자에 의해 다시 쓰인다는 사실을 확인하게 된다. 아무튼 치우가 피운 안개로 사방을 분간할 수 없게 되자 황제는 항상 남쪽을 가리키는 지남차指南車라는 수레를 타고 안개에서 벗어났으며, 그 후 응룡을 시켜 물을 모아 비를 내리게 했다. 그러나 치우가 풍백風伯과 우사雨師의 도움으로 비바람을 몰아치게 하니 제대로 버티지 못했다. 그러다 마침내 황제가 자신의 딸인 발魃(가뭄의 여신)을 시켜 뜨거운 열로 가뭄이 들게 해 치우를 간신히 물리쳤고, 결국 치우는 죽임을 당하게 되었다. 구계강은 치우가 죽은 게 아니라 일부 부락민들을 이끌고 남방의 형초荊楚 지역으로 옮겨 갔고, 이때부터 그가 이끌던 구려족은 묘족, 만족과 함께 살아갔다고 한다.

결국 이 싸움으로 황제는 중원의 지배를 확고히 하고, 그 후손들이 오늘의 중국인들이 되었던 것이다. 그래서 한국인들이 단군을 자신들의 조상으로 모시듯, 중국인들 역시 황제를 그들의 조상으로 떠받들고 있다. 중화 민족이야말로 황제의 자손이라 자처하고 있는 것이다. 아울러 '삼황'과 '오제'에 대한 이야기에는 불의 사용이나 음식 익혀 먹기, 수렵과 농경의 발견, 초기 국가의 형성과 왕위 계승 방식 등 역사에서 보편적으로 발견되는 여러 사실이 담겨 있다. 그렇기 때문에 이와 연관한 여러 신화와 전설은 역사 발전의 단계를 설명하는 하나의 실마리를 제시한 것으로 이해해야 할 것이다.

『사기』 『오제본기』의 황제 부분 전문

황제는 소전의 자손으로 성을 공손公孫, 이름은 헌원이라 불렀다. 태어나면서부터 신령스러웠다. 태어난 지 얼마 되지 않아서 말을 했다. 어려서는 영리하였고, 성장하면서는 성실하고 민첩했으며, 장성해서는 총명했다. 헌원 때는 신농씨가 쇠약해져 제후들이 서로 침벌하고 백성들에게 포학하게 굴었으나 정벌할 수가 없었다. 이에 헌원은 창과 방패의 사용법을 익혀서 조공하지 않는 제후들을 정벌하니 모두 신하로 복종했다. 그러나 포악한 치우는 토벌할 수가 없었다. 염제가 제후들을 치려고 하자 제후들이 모두 헌원에게 귀의했다. 헌원은 덕을 닦고 군대를 정비하였다. 오행五行의 기운을 다스리고 다섯 가지 곡식을 심어 만민萬民을 어루만지고, 사방을 헤아렸다. 곰·큰 곰·비휴·이리·범을 길들여 반취안 들에서 염제와 세 번 싸운 끝에 뜻을 이루었다.

치우가 황제의 명을 따르지 않고 난을 일으키자 황제는 제후들의 군사를 징발해 줘루의 들에서 치우와 싸워 마침내 치우를 잡아 죽였다. 제후들이 모두 헌원을 천자로 받들어 신농씨를 대신하게 하니 이가 황제이다. 천하에 순종하지 않는 자가 있으면 황제가 좇아가 이를 정벌해, 평정하고는 떠났다. 산을 열어 길을 내느라 편하게 지내지 못했다.

동쪽으로 가서 바다[개에 이르러 완산丸山(환산)과 다이쭝岱宗(대종)에 올랐다. 서쪽으로 가서 쿵둥空桐(공동)에 이르러 지터우산鷄頭山(계두산)에 올랐다. 남쪽으로 가서 창장長江(장강)에 이르러 슝산熊山(웅산)과 샹산湘山(상산)에 올랐다. 북쪽으로 가서 훈육葷粥을 내쫓았다. 푸산釜山(부산)에서는 [제후들을 소집시켜] 부절符節을 확인했다. 그리고 줘루의 언덕에 도읍을 정했지만 옮기고 오가는데 정해진 곳이 없었고, 장수와 병졸을 병영의 호위로 삼았다. 관직 이름에는 모두 구름 '운雲'자를 넣어 지었고 [군대도] '운사雲師'라 했다. 좌우대감左右大監을 두어 만국을 감독했다. 만국이 화평하였으나, 귀신과 산천에 봉선封禪하는 일은 많아졌다. 보정寶鼎을 얻고, 해를 맞이하여 신책神策을 받들었다. 풍후風后, 역목力牧, 상선常先, 대홍大鴻을 추천하여 인민을 다스렸다. 하늘과 땅의 법칙을 따르고 음양을 예측했다. 삶과 죽음, 존망의 이치를 살폈다. 때에 맞게 갖은 곡식과 풀과 나무를 심고, 금수와 곤충을 길들였다. 해와 달, 별과 물, 흙과 돌, 금속과 옥을 두루 살폈다. 몸과 마음을 다 하고, 잘 듣고 보았으며, 물과 불 그리고 재물을 아꼈다. 토덕土德의 상서로운 징조가 있었기 때문에 황제라 불렀다.

황제에게는 25명의 자식이 있었고, 그중 성을 얻은 자는 14명이었다.

황제는 헌원 언덕에 살면서 서릉족西陵族의 딸을 아내로 맞이하니, 이가 누조嫘祖이다. 누조는 황제의 정비로서 아들 둘을 낳았는데, 그 후손모두가 천하를 얻었다. 하나가 현효玄囂, 즉 청양靑陽이다. 청양은 쟝수이에 내려가 살았다. 둘째는 창의昌意로서 뤄수이若水(약수)에 내려가 살았다. 창의는 창복昌僕이라는 촉산씨蜀山氏의 딸을 아내로 얻어 고양高陽을 낳았다. 고양에게는 성스러운 덕이 있었다. 황제가 세상을 뜨자 챠오산橋山(교산)에 장사를 지냈다. 그 손자, 즉 창의의 아들 고양을 세우니이가 제전욱帝顓頊이다.

천명을 바로세우다,

무예의 전쟁

역사시대의 개막

신화 전설 시대를 지나 중국 역사에 등장하는 최초의 왕조는 하夏이다. 그런데 아직까지 하 왕조의 실체를 증명할 유물이 부재하기 때문에 하 왕조는 그저 기록으로만 남아 있을 뿐이다. 그럼에도 불구하고 아직까지는 속단할 수 없는 것이 하를 뒤이은 은殷 왕조 역시 마지막 수도인 인쉬殷墟(은허)에서 대량의 갑골문이 발견되기 전까지는 그 실체를 의심받았기 때문이다. 은 왕조의 실재에 대해 회의적인 태도를 취했던 대표적인 이들은 청대의 고증학자들이다. 그러다 우연한 기회에 발견된 갑골문으로 인해 은 왕조는 순식간에 역사의 무대 전면으로 등장하게 되었다. 그렇기 때문에 향후 어떤 경천동지할 고고학적 발굴이 진행되어 하 왕조의 실체 역시 만천하에 드러날지 현재로서는 아무도 모른다.

19세기가 저물어 가던 1899년 중국의 수도 베이징에서는 말라리아가 창궐했다. 뚜렷한 치료약이 없던 차에 사람들은 말라리아에 특효가 있다고 소문이 난 용골을 갈아 약재로 쓰고 있었다. 당시 국자감國

子監의 좨주祭酒였던 왕이룽王懿榮(왕의영, 1845~1900년) 역시 말라리아에 길렸는데, 약으로 사용하려던 용골이라는 뼈에서 자신이 연구하던 금문金文과 비슷한 문자의 흔적을 발견했다. 왕이룽은 즉시 한약방에 용골을 판매한 약재상을 소개해 달라고 요청했고, 얼마 후 한약방의 연락을 받은 산둥의 골동상인 판웨이칭范維卿(범유경)은 12관에 달하는 용골(곧 갑골)을 가지고 베이징의 왕이룽을 찾아왔다. 왕이룽은 그 갑골에 새겨진 문자를 감정한 결과 금문보다 훨씬 앞선 은나라 시대의 문자라는 사실을 알게 되었다. 이듬해인 1900년에도 왕이룽은 판웨이칭과 자오즈치趙執齊(조집제)로부터 수천 편의 갑골을 구입했으나 그해 사망하면서, 그가 갖고 있던 갑골은 그의 제자인 류어劉鶚(유악)가 입수했다. 류어는 1903년 왕이룽에게서 전해들은 갑골에 대한 이야기와 자신이 수집한 갑골 편을 선별해『철운장귀鐵雲藏龜』라는 최초의 갑골문에 관한 책을 펴냈다.

하지만 그 당시만 해도 이런 갑골이 어디에서 출토되었고, 또 그 의미가 무엇인지 등등에 대해서는 구체적으로 밝혀진 것이 없었다. 그러다 1908년에 대표적인 갑골문 연구가 중 한 사람인 뤄전위羅振玉(나진옥)가 역시 뛰어난 갑골문 학자인 그의 제자 왕궈웨이王國維(왕국유)와 함께 갑골의 출토 지점인 허난성 안양安陽(안양)의 샤오툰촌小屯村(소둔촌)에서 소규모의 발굴을 진행해, 이곳이 바로 은나라의 후기 수도였던 인쉬라는 사실을 고증해 내었다. 이곳은 하나라를 대신해 은나라를 세운 시조 탕왕湯王(탕왕)으로부터 19대째인 판경盤庚(반경)부터 시작해 은의 마지막 왕인 주왕紂王 때까지의 수도였던 인쉬였던 것이다.

허난성 안양의 샤오툰촌에 있는 은허박물관. ⓒ 조관희

은허박물관 내의 갑골문 발굴 당시 현장 모습. © 조관희

갑골은 거북의 복부 쪽 껍질甲이나 소의 어깨뼈骨에 글자를 새긴 뒤 불에 구워 생긴 균열을 보고 점을 친 것이었다. 오늘날 점치는 것을 의미하는 '복卜'자는 갑골에 금이 간 모양을 나타내는 상형문자이고, 복이라는 글자의 음은 갑골에 금이 갈 때 나는 소리에서 유래한 것이라 한다. 점을 친 뒤에는

갑골문

복조卜兆의 주변에 점을 친 날짜나 행한 사람의 이름, 점을 친 내용과 결과 등을 새겨 넣었다.

이러한 갑골문의 발견으로 청대의 고증학자들로부터 실재를 의심받았던 은나라가 실제로 존재했던 왕조이며, 쓰마첸의 『사기』에 실려 있는 왕의 가계도가 실제와 거의 일치한다는 사실이 밝혀졌다. 특히 1928년부터 1937년까지 중앙연구원中央硏究院 역사어언연구소歷史語言硏究所가 모두 열다섯 차례에 걸쳐 진행한 샤오툰촌에 대한 발굴을 통해 은대 후기의 역사적 사실들이 대부분 드러나게 되었다. 이 인쉬의 대대적인 갑골의 발굴은 중국 현대고고학의 시발점이 되었을 뿐만 아니라 세계 고고학사에도 매우 중요한 의의를 지니고 있다.

은대 사회의 성격

은나라는 시조인 셰契(설)라는 인물이 우禹 임금의 치수 사업에 공을 세워 황허 중하류 지역의 상商이라는 곳에 분봉되었기에 본래는 '상'이라 불렸다. 은이라는 명칭은 상 왕조가 주에 의해 멸망된 뒤 주족周族이 상의 유민들을 경멸하는 의미로 사용했던 호칭이자, 왕조의 마지막 수도가 은이었던 데서 유래한 것이다. 전설에 의하면 셰의 어머니인 젠디簡狄(간적)는 유쑹씨有娀氏(유융씨)의 여자로 현조玄鳥의 알을 삼키고 셰를 낳았다고 한다.

하늘이 제비에게 명하시어

내려와 상나라 조상을 낳게 하시고

커다란 은나라 땅에 살게 하셨네.[15]

- 『시경詩經』 「현조」

이 이야기는 사실 현조, 곧 제비를 씨족의 토템으로 삼았던 상족이 모권제 씨족을 탈피하지 못하고 있다가 세에 이르러서야 부자상속을 위주로 하는 부계 씨족사회로 진입했다는 것을 의미한다.

전설에 따르면 세로부터 14대째인 은나라의 시조 탕왕이 이인伊尹(이윤)을 등용해 군사를 일으켜 하의 속국들을 토벌하니 천하에 대적할 이가 없었다고 한다. 최후에는 하나라의 마지막 왕 걸桀을 물리치고 보亳[박, 지금의 허난성 상츄商丘(상구)에 해당함]에 도읍을 세웠다 하는데, 일설에는 시보西亳[서박, 지금의 허난성 옌스偃師(언사)에 해당함]에 세웠다고도 한다. 상족 사람들은 초기에 자주 이주했는데, 『상서尚書』에 의하면 "세로부터 (은나라의 시조인) 청탕成湯(성탕)에 이르기까지 여덟 번이나 천도를 했다"고 한다. 그 지역은 대체로 오늘날의 허난과 산둥 일대에 해당하며, 그 활동 범위가 자못 넓었다. 『사기』의 기록에 의하면, 은나라는 시조인 탕으로부터 마지막 왕인 주紂에 이르기까지 17대 31왕이 있었다. 그 기간은 『죽서기년竹書紀年』에 의하면 496년으로, 『좌전左傳』에 의하면 600여 년으로 기산하고 있다.

은나라는 역사가들에 의해 초기의 씨족 집단의 성격을 타파한 최초의 국가로 여겨지고 있는데, 강력한 왕권을 바탕으로 정치와 종교가 일치된 일종의 '신정神政국가'의 성격을 띠었다. 은나라 사람들은 상제上帝가 우주의 지배자이고 그 의지에 따라 모든 미래가 결정된다고 생각했다. 그래서 국가의 중요한 일을 결정할 때 하늘의 뜻을 묻는 제사를 올렸고 그때 왕이 제사장의 역할을 하였으며, 이를 통해 왕의 권력을 정당화했다. 갑골문은 바로 은나라 사람들이 하늘의 뜻을 묻는 제사의 기록이었기에 그 내용 역시 제사와 관련된 것이 많았다.

복사卜辭의 대부분은 제사의 희생물과 연관된 질문을 다루고 있다. 어떤 제사가 성공적일 것인가? 어떤 동물이나 인간을 희생물로 바쳐야 하는가? 수량은 얼마가 좋은가? 어떤 조상과 관계되는가? 다른 고대사회에서 받게 되는 질문처럼 다가오는 낮이나 밤 혹은 10일 단위[순旬]에 재난으로 불행한 일이 닥칠 것인지를 알기 위해서 점을 쳤다.

다른 의미에서 복사는 상왕을 정점으로 하는 신정국가의 사무를 기록한 것이기 때문에 정치적인 문서라는 점도 역시 중요하다. 왕이 군대를 어떤 왕국에 보낼 때 상제가 돌보아 줄 것인가? 왕은 새로운 정착지를 개척해야 할 것인가? 왕은 때때로 자신의 군사행동이나 수렵에 대해서 물었고, 또 때로는 왕국의 날씨와 농경에 미칠 영향에 대해서도 물었다. 국무國務는 물론 왕의 건강, 치통, 꿈, 심지어 왕비의 출산과 같은 왕 자신의 개인적인 관심도 포함되었다.[16]

왕이 제사를 드릴 때에는 '정인貞人'을 두어 그들에게 갑골로 점을 치게 했다. "정인은 명칭에 지명이나 씨족 혹은 부족의 이름이 보이는 것으로 보아 왕이 지배하는 소국가나 부족의 대표자 겸 봉사자로 파견된 자로 보인다."[17] 하지만 갑골이 불에 달궈져 균열이 난 것을 보고 그 길흉을 판단하는 것은 왕만이 할 수 있는 일이었다. 그런 의미에서 왕은 신의 세계와 인간 세계를 연결하는 유일한 매개자로 여겨졌고, 그 결과 왕으로서의 절대적인 권력이 강화되었다. 이에 따라 정인의 역할이 점차 축소되고 약화되는 경향을 보이게 되며, 은나라 말기에 이르면 왕권에 예속되어 그 존재 자체가 의미를 잃어버리는 지경에까지 이르게 되었다. 이러한 과정을 통해 은나라는 초기의 신정국가적인 성격이 약화되고, 후대로 갈수록 전제적인 세속 왕권이 강화되었다.

이러한 왕의 권위를 잘 보여주는 것이 거대한 왕성과 왕묘의 존재이다. 대표적인 것이 1959년에 발견된 얼리터우二里頭(이리두) 유적이다. 이것은 기원전 1800년부터 1500년경의 유적으로 추정되며, 초기 왕조시대의 가장 오래된 궁전 건축으로 알려져 있다. 중국 역사학계에서는 이 유적지를 하 왕조의 도시 중 하나였다고 보는 견해도 있으며, 일부에서는 기록상 상나라의 수도인 보라는 설도 있다. 하지만 아직까지 성의 흔적이나 문자 자료는 출토되지 않아 확정할 수는 없다. 여기에서는 동서와 남북이 각각 약 100미터에 달하는 궁전의 유적과 성터가 발견되었다. 이것이 상대 초기를 대표하는 유적이라면, 1951년에 발굴된 주위 약 7킬로미터의 성벽으로 둘러싸인 성곽도시인 얼리강二里岡(이리강) 유적은 고대 중국의 황허 중류와 하류를 중심으로 번창한 은대 중기의 유적이라 할 수 있다. 물론 여기에서는 은 왕조의 특징을 나타내는 갑골문자가 출토되지 않아 이것을 은나라와 연결하는 데 신중한 태도를 취하는 학자들도 있다. 하지만 뭐가 됐든 이러한 유적들은 당시로서는 엄청난 인력과 물자가 동원되었을 것으로 보이기에 이것을 가능하게 한 강력한 왕의 권력이 존재했을 거라는 추론이 가능하다.

이와 함께 은나라의 발달된 물질문명을 대표하는 청동기는 당시뿐만 아니라 현재의 시점에서 보더라도 찬탄의 대상이 될 만하다. 그 제작 기술은 현대의 과학으로도 재현하기 어려울 정도로 정교하고 세련된 것으로, 청동기는 대부분이 귀족들만의 전유물로 주로 제기祭器

사모무정

나 무기로만 사용되었다. 그 가운데 대표적인 것이 '사모무정司母戊鼎'
인데, 높이 133센티미터에 길이 79.2센티미터에 이르고, 무게는 무려
875킬로그램이나 나가는 현존하는 세계 최대의 '정'으로 인정받고 있
다. '사모무'라는 말은 "어머니 무에게 제사를 지낸다"는 뜻으로, 은의
왕인 쭈겅祖庚(조경)이 그의 모친인 비무의 제사를 지내기 위해 만든 것
이라 한다. 이 모든 것이 은나라 왕의 절대 권력을 상징적으로 보여주
는 대표적인 예라 할 수 있다.

주 종족의 등장

은을 대신한 주나라의 기원 역시 분명하지 않다. 『사기』「주 본기周本紀」에 의하면 여우타이씨有邰氏(유태씨)의 딸인 쟝위안姜源(강원)이라는 여인이 들에서 거인의 발자국을 밟아 임신해 허우지后稷(후직)라는 아들을 낳았다고 한다.

> 주周의 시조 허우지는 이름이 치棄(기)이다. 그 어머니는 여우타이씨 여자로 쟝위안이라 하였다. 쟝위안은 제곡帝嚳의 원비元妃였다. 쟝위안이 들에 나가 거인의 발자국을 보고는 마음이 환하게 기뻐지면서 그것을 밟고 싶어져 밟았더니 임신을 한 듯 몸이 움직였다. 기한이 되어 아들을 낳았으나 상서롭지 못하다고 여겨 좁은 골목에 버렸더니 지나가던 마소가 모두 밟지 않고 피해 갔다. 숲속에 갖다 놓았으나 때마침 산속에 사람이 많이 몰려서, 옮겨 시내 얼음 위에 버렸더니 날짐승이 날개로 덮어 주었다. 쟝위안이 신기하게 여겨 드디어 데려와 길렀다. 처음에 아이를 버리려 했기 때문에 '치'라는 이름으로 불렀다.

허우지는 "아이 때부터 큰사람처럼 품은 뜻이 컸"는데, 농사에 뛰어난 재능을 보였다고 한다. "땅을 살펴 그에 맞는 곡식을 심으니 인민들이 모두 그를 본받았다. 요임금이 소문을 듣고 치를 농사農師로 삼았더니 천하가 그 이득을 보는 공을 세웠다." 순임금은 그를 "타이邰(태)에 봉하고 허우지라 부르는 한편 지씨姬氏(희씨) 성을 별도로 내렸다." 그런데 사실상 이런 이야기들은 허우지라는 한 인물에 대한 것이라기보다 당시 주나라 사람들의 경작 기술이 뛰어났다는 것을 의미하는 것으로 봐야 할 것이다. 그 후손이라 할 주족周族이 자리를 잡고 세력을 키웠던 곳은 웨이수이 중류 황토고원지대로, 인근에 치수이漆水(칠수)와 쥐수이沮水(저수)가 있어 땅이 비옥하고 물산이 풍부했다. 고대사회에서 이러한 입지는 한 부족이 터를 잡고 세력을 키우기에 적합한 조건이 되었다.

하지만 허우지의 아들인 부쿠不窋(불굴)는 관직을 잃고 인근의 융적戎狄이 살고 있는 곳으로 가서 몸을 숨기고 떠돌아다녔다. 그러다가 부쿠의 손자인 궁류公劉(공류)에 이르러 빈豳[빈, 지금의 산시 성陝省 빈현邠縣(빈현)] 땅에 정주하였다.

> 마음이 돈독하신 궁류께서는
>
> 그 몸을 편한 양 아니하시고
>
> 밭두둑을 나누고 경계를 긋고
>
> 농사 지어 노적露積하고 창고에 쌓으셨네.
>
> …

마음이 돈독하신 궁류께서는

빈 땅에 궁실을 마련하시니

웨이수이 건너 저편 쪽에 가

숫돌과 돌들을 날라다 썼도다.

이 터를 정하시고 그 경계 밝히시니

주민이 많고 재물이 풍족하여

황皇(황)의 골짜기를 가운데 끼고

저 건너 귀過(과)의 냇물 바라보는 곳

인가는 빽빽이 모여들어

루이수이芮水(예수)의 끝까지 꽉 차 있었도다.[18]

- 『시경』「대아(大雅)」제2 생민지십第二 生民之什

당시 주족은 주변의 융적들과 별로 다를 바 없는 생활을 했다고 전해지는데, 그들이 정주했던 곳은 현재의 간쑤성甘肅省(감숙성)의 허시회랑河西回廊(하서회랑)의 길목에 위치해 서역으로부터 문화가 들어오는 요충지이기도 했다. 이곳에서 힘을 길러 동쪽의 중원 지역으로 진출해 천하를 지배하게 된 것은 훗날 진秦나라가 같은 지역에서 일어나 비슷한 경로를 밟아 천하를 통일했던 것과 궤를 같이한다. 『사기』에 의하면 초기에 융적 수준에 머물러 있던 주족이 면모를 일신해 화하華夏의 풍속을 받아들인 것은 시조로부터 12대가 지난 구궁단푸古公亶父(고공단보) 때라 한다.

구궁단푸께서

일찍이 말을 달려오시어

서쪽 치수이 가로부터 치산祁山(기산) 아래로 오셨네.[19]

- 『시경』「면綿」

당시 서쪽에 있던 융적의 무리가 주족이 있던 웨이수이 유역으로 침입해 오자 이를 당해 낼 수 없었던 구궁단푸가 부족을 이끌고 그보다 남쪽인 치산 아래 저우위안周原[주원, 현재의 산시성陝西省 치산에 해당함]으로 터전을 옮겼다. 이곳으로 터전을 옮긴 주족은 새로운 삶을 꾸려 나갔다. 빈 땅에 있을 때까지만 해도 혈거 생활을 하던 그들은 성곽을 쌓고 관사官司를 설치하였으며, 각각의 부락 백성들을 '읍邑'이라는 거주 지역에 살게 했다. 이처럼 주는 구궁단푸에 이르러 초보적인 국가 형태를 갖추기 시작했던 것이다. 이에 후대에 주 왕조가 정식으로 성립한 뒤에는 구궁단푸를 '태왕太王'이라 칭하며, 왕조의 기초를 세운 사람으로 떠받들었다.

면면히 이어진 오이 넝쿨이어

우리 겨레가 생겨난 곳은 쥐수이와 치수이의 땅이었도다.

구궁단푸께서

굴을 파 그 속에 살아오시니

집이라 할 만한 것이 없는 때였느니라.

…

주의 벌은 기름져서

오두烏頭나 씀바귀도 엿 같았도다

이곳에 모아 계책을 세우고

거북을 태워 점을 치고

'이곳에 머물라'는 괘에 따라

여기에 집을 지으라 하셨도다. [20]

- 『시경』「면」

구궁단푸에게는 타이보泰伯(태백)와 위중虞仲(우중), 지리季歷(계력)라는 세 아들이 있었다. 타이보와 위중은 아버지인 구궁단푸가 장차 지리를 후계자로 삼을 뜻을 갖고 있다는 사실을 알아차리고 가통을 양보하기 위해 미개한 족속들이 사는 형만荊蠻이라는 곳으로 가서 그들의 풍속에 따라 머리를 깎고 몸에 문신을 새겼다고 한다. 후대에 쿵쯔孔子(공자)는 이러한 타이보의 행위에 대해, "타이보는 덕이 지극히 숭고했다고 할 수 있느니라. 천하를 몇 번씩이나 지리에게 양보하였으니, 백성들은 어떤 적당한 말로 그를 칭송해야 할지를 모른다"(『논어論語』「태백泰伯」)는 말로 찬탄했다.

지리 시대에 주족은 서북 쪽 유목 부락의 위협을 제거하고, 웨이수이 중류 지역의 통치를 공고히 하는 등 점차 강성해졌다. 이 시기에 주족과 돈독한 관계를 유지하던 은나라 왕은 지리에게 토지와 옥, 말 등을 하사하고 그에게 목축을 관리하는 직책을 내렸다. 아울러 지리는 은나라 왕의 딸인 타이런太任(태임)과 결혼하여 창昌(창)이라는 아들을 낳았는데, 그의 덕망이 남다른 면모를 보였다. 그러나 지리의 세력이 커지는 데 따른 불안감을 느낀 은나라 29대 왕인 원딩文丁(문정)은 지리를 살해했다.

지리의 뒤를 이은 것은 창(기원전 11521~056년)이었다. 창은 농업 생산에 힘을 기울여 주를 더욱 부강하게 만들었다. 이에 그의 아들 무왕이 주나라를 세운 뒤에는 문왕으로 추존되었다. 『상서尚書』에는 평소 창의 모습을 다음과 같이 묘사하였다.

> 주공이 말했다. "…문왕께서는 보잘것없는 옷을 입으시고, 황야에서 밭일을 하셨습니다. 그분께서는 부드럽고 선량하시고, 공경하시며 백성들을 보호하시고 무의무탁한 사람들을 끼고 돌보셨습니다. 이른 새벽부터 정오와 해질녘까지 미처 밥 먹을 틈도 없이 백성들과 더불어 어울려 구하셨습니다. 문왕께서는 감히 돌아다니며 사냥하는 일을 즐기지 않으셨습니다. 여러 나라와 어울려 오로지 삼가 공경하여 정치를 처리하셨습니다."
>
> - 『상서』「무일無逸」

창은 또 '죄인불노罪人不孥'와 '유망황열有亡荒閱'이라는 법령을 시행하였다. 죄인불노는 죄인의 가속을 적몰하여 노예로 해서는 안 된다는 것이고, 유망황열은 도망간 노예는 반드시 찾아서 노예의 주인에게 돌려준다는 것이다. 이것으로 당시에 노예제도가 있었음을 알 수 있는데, 창이 이러한 법령을 시행했던 이면에는 당시 은나라의 주왕이 일부 제후국 촌락의 노예를 꾀어다가 자기 소유로 삼았기에 귀족들이 이에 불만을 품고 있었기 때문이었다. 한마디로 창은 당시 기득권층이 원하는 바를 정확하게 꿰뚫어 보는 정치적인 감각이 있었던 것이다. 이러한 일련의 조치들을 통해 창은 주변 세력들의 지지를 얻고 위망이 높아지게 되었다.

당시 창의 덕망을 칭송하는 유명한 이야기가 전한다.

> 서백이 음덕을 베풀자 제후가 모두 와서 공정한 판결을 청했다. 이때 우虞와 예芮 사람이 해결하지 못하는 송사가 있어 주로 왔다. 경계에 들어서자 밭을 가는 사람은 밭의 경계를 양보하고, 인민의 풍속은 모두 나이 든 사람에게 양보했다. 우, 예 사람이 서백을 보지도 않았는데 부끄러워 서로에게 "우리처럼 싸우는 것을 주 사람들은 부끄러워한다. 가서 뭘 하겠는가? 창피만 당할 텐데"라며 되돌아가서 서로서로 양보하고 떠났다. 제후가 이 이야기를 듣고는 "서백이 천명을 받은 군주인가 보다"라고 말했다.
>
> ─『사기』「주 본기」

이렇게 세력이 커져 가는 주족에 대해 은 왕조는 강경책과 회유책을 동시에 시행했다. 은나라 왕 원딩이 지리를 살해하고 주왕이 창을 유리羑里(유리)에 감금했던 것이 강경책이라면, 창을 서백西伯에 봉한 것은 회유책이라 할 수 있다.

> 숭후 호崇侯虎가 은의 주왕에게 서백을 헐뜯었다.

"서백이 선행을 하고 덕을 쌓아서 제후가 모두 그를 따르니 임금에게 이롭지 못할 것입니다."

주왕이 바로 서백을 유리에 수감했다. 훙야오閎天(굉요) 등이 걱정이 되서 유신씨有莘氏의 미녀, 여융驪戎의 얼룩말, 유웅有熊의 네 마리 말이 끄는 수레 아홉 대를 다른 기이한 물건들과 함께 은의 총애를 받는 페이중費仲(비중)을 통해 주왕에게 바쳤다. 주왕은 크게 기뻐하며 말했다.

"이 물건 하나로도 서백을 석방시키기에 족한데 어찌 이렇게 많은가?"

바로 서백을 사면하는 한편, 활과 화살 그리고 큰 도끼를 내려 서백이 [제후를] 정벌할 수 있는 권한을 주면서 "서백을 헐뜯은 자는 숭후 호다"라고 말했다. 서백이 뤄허洛河(낙하) 서쪽 땅을 바치며 주왕에게 포락이란 형벌을 없애도록 청하니 주가 이를 허락했다.

- 『사기』 「주 본기」

창은 이후에도 꿋꿋하게 자기 갈 길을 나아갔다. 내정을 튼실하게 하는 동시에 주변의 작은 소국들을 정벌했다. 견융犬戎과 밀수密須, 여黎, 한邘을 차례로 공격했고, 여와의 싸움에서 승리함으로써 동진東進의 의도를 분명히 했다. 이에 은나라의 신하인 쭈이祖伊(조이)가 위기감을 느껴 주왕에게 사태의 위급함을 고하였다.

서백이 이미 여나라를 쳐 이기자 쭈이가 두려워서 달려 와 임금에게 고하였다.

"천자여! 하늘은 이미 우리 은나라의 명을 끝맺으셨습니다. 예언자도,

점치는 큰 거북이도 감히 길상을 알리려 하지 않습니다. 옛 임금님들께
서 우리 뒷사람들을 돕지 않는 것이 아니라 오직 임금님이 방탕하게 노
심으로써 스스로 끊으신 것입니다. 그리하여 하늘이 우리를 버리셨으
므로 백성은 편안히 먹고 살지 못하게 되었고, 하늘로부터 받은 생명을
즐길 수 없게 되었고, 나라의 법도에 따르지도 못하게 된 것입니다. 지
금 우리 백성들은 은나라의 멸망을 바라지 않는 자가 없습니다.

- 『상서』 「서백감려西伯戡黎」

하지만 주왕의 대답은 생각과 달랐다. "나는 나면서부터 하늘로부
터 명을 받고 있지 아니한가?" 이러한 주왕의 안이한 현실 인식에 절망
한 쭈이는 절규하듯 외친다. "오오! 당신의 죄가 하늘에 많이 벌여져
있거늘, 하늘의 명을 책하실 수 있겠습니까? 은나라가 곧 망하려 하고
있음은 바로 당신이 하신 일 때문이니, 당신의 나라에 죽음이 없을 수
없을 것입니다." 하늘의 명이 은나라로부터 떠난 것을 사람들은 감지
하고 있었으나 정작 주왕 자신만 몰랐던 것이다.

창은 마지막으로 숭崇을 정벌했다. 은나라의 강력한 우방으로 주
의 동쪽에 있던 강국이었던 숭이 멸망함으로써 은나라는 웨이수이 유
역의 한 거점을 잃게 되었다. 창은 여기서 그치지 않고 동쪽으로 세력
을 확장하기에 용이한 펑豊(풍)으로 도읍을 옮겼다. 일대는 수로가 정
비되고 땅이 비옥하여 농사짓기에 알맞은 땅이었다. 창의 만년에는 주
족의 세력이 지금의 산시성陝西省 남부와 허난성 서부에까지 이르러 은
왕조에 압력을 가하는 형세를 이루었다.

주의 극은克殷

서백 창, 곧 문왕이 죽고 그 아들인 파發(발)가 아버지의 뒤를 이어 왕의 자리에 올라 무왕武王(?~기원전 1043년)이 되었다. 무왕은 즉위한 뒤 태공망太公望 뤼상呂尚(여상)을 군사軍師로 삼고, 주공 단旦(단)을 보輔로 삼았다. 은나라의 명은 이미 다하고, 대세가 주로 옮겨 간 상황에서 무왕은 도읍을 하오鎬[호; 현재의 산시성陝西省 시안西安(서안) 서남쪽]로 옮기고 적극적으로 은 정벌을 준비했다. 이에 무왕은 멍진孟津[맹진, 현재의 산시성陝西省 멍현孟縣(맹현)]에 이르렀다.

> 9년, 무왕이 비畢(필)에서 제사를 올리고 동쪽에서 군대를 사열하고 멍진에 이르렀다. 나무로 문왕의 위패를 만들어 마차에 싣고는 군대 중앙에 배치했다. 무왕은 자신을 태자 파로 칭하며, 문왕을 받들어 정벌에 나선다고 하여 감히 자기 멋대로 하지 않았다.
>
> 이어 사마司馬, 사도司徒, 사공司空, 제절諸節에게 "모두들 굳게 믿음을 가지시오. 내가 아는 것은 없지만 덕 있는 선조의 신하들이 있어 이 어

린 사람이 그 공덕을 받아 상벌을 바로 하여 공을 정하겠소"라고 하고는 드디어 군대를 일으켰다.

사상보師尚父(태공망)가 "모두를 모아서 배를 띄워 출동하시오! 늦게 오는 자는 목을 벨 것이오"라고 호령했다. 무왕이 강을 건너는데 중류에 이르자 흰 물고기가 왕의 배로 뛰어들었다. 무왕은 몸을 굽혀 잡아서 제를 올렸다. 다 건너자 불덩이가 하늘에서 떨어지더니 왕이 머무는 집에 이르러 까마귀로 변했다. 그 색은 붉었고, 그 울음소리는 혼이 있는 것 같았다. 이때 제후와 날짜를 기약하지 않았는데, 멍진에는 800제후가 모여들었다. 제후는 모두가 "주를 토벌할 수 있습니다"라고 말했다. 무왕은 "그대들은 천명을 모르오. 아직 아니오"라 하고는 곧 군대를 돌렸다.

- 『사기』 「주 본기」

이 일차 진군은 대규모 정벌에 앞선 탐색에 불과했는데, 이때 800명 이상의 제후가 회맹에 참석하였다는 것은 천하의 대세가 이미 은으로부터 주로 넘어갔다는 것을 보여주는 하나의 증좌라 할 수 있다. 그러나 무왕은 아직 시기가 무르익지 않다고 생각해 더 이상 진군하지 않았다.

그로부터 2년 뒤 은나라는 내부의 사회 모순이 격화되었고, 동이東夷와의 전쟁을 치르느라 재정적으로 매우 피폐해진 상태였다. 무엇보다 주왕의 실정은 은나라를 더 이상 회복 불능의 상태에 빠뜨렸다. 쓰마첸의 『사기』에 의하면, 주왕 디신帝辛(제신)은 본래 선왕인 디이帝乙(제을)의 둘째 아들이었다. 이는 장자인 웨이쯔치微子啓(미자계)의 어미 신

분이 미천했기에, 정비의 아들인 디신이 뒤를 이어 주왕이 되었다고
한다.

디저우帝紂(제주)는 대단히 민첩하고 뛰어난 자질을 타고났다. 힘도 남
달라 맨손으로 맹수와 싸울 정도였다. 지식은 충고를 물리치고도 남을
정도였고, 말재주는 잘못을 감추고도 남을 정도였다. 신하들에게 재능
을 과시하길 좋아했고, 천하에서 자신의 명성이 누구보다 높다고 생각
하여 모두를 자기 밑이라 여겼다. 술과 음악에 빠졌으며, 특히 여색을
밝혔다.

- 『사기』「은본기」

『사기』에는 주왕의 폭정에 대해 상세하게 묘사해 놓았다. 정사를
돌보지 않고 주색에 빠져 연못에 술을 채우고 고기를 숲처럼 매달아
놓고는(주지육림酒池肉林) 벌거벗은 남녀로 하여금 그 사이를 서로 쫓아다
니게 하면서 밤새 술을 마시고 놀았다. 백성들에게 무거운 세금을 거
두어 그 돈으로 녹대鹿臺를 채우고 거교鉅橋를 곡식으로 채웠다. 백성
들의 원성이 높아지자 기름을 바른 구리 기둥을 숯불 위에 걸쳐 달군
뒤 그 위를 맨발로 건너가게 하여 불에 타죽게 하는 포락炮烙이라는 형
벌까지 만들었다. 이런 정상을 보다 못해 숙부인 비간比干(비간)이 "신하
된 자는 죽음으로 간하지 않을 수 없다"며 주왕에게 강력하게 간했다.
하지만 주왕은 오히려 화를 내며, "내 듣기에 성인의 심장에는 구멍이
7개 나 있다고 하더라"면서 비간의 배를 갈라 그 심장을 꺼내 보았다.

모든 역사가 그렇듯 승자는 이전 왕조의 마지막 왕을 매몰차게 몰아붙인다. 사실의 진위를 따질 수도 없고, 따지는 것 또한 의미 없는 일일지도 모른다. 하나라의 걸왕이 그랬고, 은의 주왕 역시 이렇게 천하의 폭군으로 그려졌다. 하지만 백제의 마지막 왕인 의자왕의 삼천 궁녀에 대한 진위 논란이 그렇듯 패자에게는 아무런 항변의 여지가 없고, 단지 역사의 뒤안길로 말없이 사라질 뿐이다.

뭐가 됐든 주 무왕에게는 때가 왔다. 주왕의 폭정으로 인해 주변 사람들이 그를 떠났다는 소식을 듣자 무왕은 드디어 군사를 일으켜 은을 공격했다.

> 2년이 지나자 주왕의 어리석음과 포악함이 더 심해져 왕자 비간을 죽이고, 지쯔箕子(기자)를 가두고, 태사太師 츠疵(자)와 소사少師 창强(강)은 악기를 끌어안고 주周로 달아났다는 이야기가 들렸다. 이에 무왕은 제후들에게 널리 "은의 죄가 크니 토벌하지 않을 수가 없다"라고 알렸다. 곧 문왕의 위패를 받들고 전차 300대와 용사 3,000명, 갑옷을 입은 병사 45,000명을 거느리고 동쪽으로 주紂를 쳤다.
>
> -『사기』「주 본기」

2월 갑자일 동틀 무렵이 되자 무왕은 아침 일찍 은나라 수도였던 차오거朝歌(조가)의 교외인 무예牧野(목야)에 이르렀다. 전투에 앞서 무왕은 왼손에 누런 큰 도끼, 오른손에는 소꼬리가 장식된 흰색 깃발을 들고 휘두르며 맹서했다.

"멀리서 와 주었구나, 서쪽의 병사들이여! 오, 나의 제후들이여! … 그대들의 창을 높이 들고 방패를 맞추시오! 내가 맹세하겠소. … 옛사람 말씀에 '암탉은 새벽에 울지 않는다. 암탉이 새벽에 울면 집이 망한다'고 했소. 지금 은왕 주는 부인 말만 듣고 스스로 선조에 대한 제사와 신령에 대한 답례를 팽개쳤으며, 자기 나라를 멸시하고 저버렸소. 또한 부모 형제는 기용하지 않으면서 사방에서 죄를 짓고 도망처 온 자들은 존중하고 믿고 기용하니, 그 자들은 백성을 난폭하게 대하고 상(은)에 온갖 나쁜 짓을 저질렀소. 이제 나 파(무왕)가 여러분과 함께 천벌을 대행하려 하오. 오늘 싸움은 여섯 걸음, 일곱 걸음 전진하다가 멈추어 열을 다시 맞출 것이니 모두들 힘을 내시오. 무기를 앞으로 찌르시오. 네다섯 번, 예닐곱 번 찌르고 멈추어 대오를 다시 정돈할 것이니 모두들 힘을 내시오. 호랑이처럼 곰처럼 그리고 승냥이처럼 이무기처럼 용맹스러워야 하오. 상의 교외에서 투항하는 자들은 공격하지 말고 서방으로 데려가 노역에 충당하시오. 힘을 냅시다. 그대들이 힘을 쓰지 않으면 그대들의 몸에 죽음이 돌아갈 것이오."

- 『사기』「주 본기」

『사기』의 기록에 의하면, 당시 전투에 동원된 양쪽 군사의 수는 은이 70만 명이고, 주가 4만 8천 명으로 은이 절대적으로 우위에 있었다고 한다. 하지만 전쟁의 결과는 정반대로 나타났다. 이미 국운이 다해 가는 은나라 군사는 수적으로는 많았으나, 모두 싸울 마음이 없었다. 다만 무왕이 빨리 쳐들어오기를 바라는 마음이었던 터라 은의 군대는 모두 병기를 거꾸로 돌리고 무왕을 위해 길을 열어 주었다. 이에 무왕의 군대가 쳐들어오자 은의 병사는 모두 붕괴되어 군주를 배반했다. 궁지에 몰린 주왕은 녹대 위에 올라가 보석과 옥으로 치장한 옷을 뒤집어쓰고는 스스로 불을 질러 타죽었다.

"짐이 충신의 간언을 듣지 않고 간신의 참소에 넘어가 이제 전쟁이 연이어지고 엄청난 재앙이 닥쳤지만, 해결할 방도가 없구나. 이제 와서 후회한들 무슨 소용이 있겠느냐? 만약 성이 무너져 저 하찮은 것들에게 포로가 된다면 지고한 천자의 몸으로 말할 수 없는 모욕을 당할 것이다. 자결하고 싶지만 이 육신을 인간 세상에 남기면 저들이 다른 생각을 하게 될 터이니 차라리 스스로 깔끔하게 분신하여 아녀자들의 입방아에 오르내리지 않게 하는 것이 좋지 않겠느냐? 그러니 너는 적성루 아래에 장작을 쌓아 놓도록 해라. 짐은 이 누대와 함께 불길에 몸을 맡기겠노라. 어서 시행하라!"

…

한편 삼층 누대에 있던 주왕은 아래에서 불길이 일어나 하늘로 치솟자 자기도 모르게 가슴을 쓸며 긴 한숨을 내쉬었다. …이윽고 불길이 바람을 타고 일어나 순식간에 사방이 온통 시뻘겋게 변하고 연기가 하늘을 가렸다.

…

그때 불길이 점점 거세져 적성루 지붕까지 뒤덮더니 아래쪽 기둥이 불에 타서 쓰러졌다. 이어서 '쿵!' 하는 소리와 함께 적성루가 무너지며 마치 천지가 무너지듯 주왕을 불길 속에 묻어 버렸다. …

중국의 사서에서 믿을 수 있는 기년紀年이 나오는 것은 서주 시대 공화共和 원년인 기원전 842년부터이다. 주가 은을 멸망시킨 것은 공화 원년에서 소급해 올라가는데, 여기에는 기원전 1122년이라는 설과 1026년이라는 설을 비롯해 많은 설이 존재한다. 하지만 이에 대해서는 아직까지 정설이 없는 실정이나 최근의 연구에 의하면, 쓰마쳰이 제시한 연대의 선후관계와 이미 밝혀진 천문학 자료들을 조합해 주의 정복은 기원전 1050년에서 1045년 사이에 이루어졌다고 한다.

천명사상의 확립

이른바 '은주혁명'의 성격은 단순히 하나의 정치권력이 다른 세력으로 넘어갔다는 것을 의미하지는 않는다. 우선 주가 은을 대신하고 새로운 왕조를 이룩했다는 것은 일련의 종교적 변화와 관련이 있다. 이 시기에 이르러 인간을 매장하는 규모가 줄어들고 죽음과 사후 세계에 대한 관념이 변화했다.

> 죽은 자를 따라 자발적으로 무덤에 묻히는 관습은 계속되었지만 그 규모는 현저하게 줄어들었다. 동물의 뼈를 사용하여 복점을 치는 일도 줄어들었고, 『역경周易』에 기록된 새로운 점술 체계가 우세해졌다.[22]

이것은 주대에도 이전 왕조인 은나라와 마찬가지로 점술이 행해졌다는 것을 의미한다. 하지만 전체적인 양상은 달라졌다. 동물의 뼈를 이용해 점을 치기는 했지만, 이것보다는 시초蓍草라 불리는 나무줄기를 이용해 점을 치는 게 훨씬 더 보편적이었다. 이것은 우선 시초를

6개의 집단군으로 분류한 뒤 그 시초 줄기를 조작해 얻어지는 6개의 배치 형태인 '효爻'를 결정하는데, 이때의 '효'는 점칠 때 사용하는 부호인 '괘卦'를 구성하는 최소 단위의 부호다. 효는 하나로 이어진 '양효'와 중간이 끊어진 '음효'로 이루어져 있다. 이 두 가지 효의 조합으로 모두 64괘를 얻을 수 있는데, 이 64개의 괘로 인간의 길흉화복에 대한 점을 치는 일종의 점서占書가 바로 『역경』이다. 그리고 『역경』이 한 권의 책으로 성립한 것이 주나라 때였기에 흔히 『주역』으로 불린다. 송대의 성리학자인 주시朱熹(주희)가 『주역본의周易本義』 첫머리에서 "주周는 왕조의 이름이고, 역易은 책이름이다(周, 代名也. 易, 書名也.)"라고 했듯이, 『주역』은 '주나라의 점을 치는 책'이라는 의미이다.

하지만 이것보다 더 주목해야 하는 것은 '하늘天'에 대한 관념의 변화이다. 은나라 때는 상제가 "인간의 운명을 절대적으로 지배하는 존재이고, 점복을 통해 그 의지를 알 수 있는 존재"라 여겼지만, "주대의 천은 인간의 노력, 즉 덕의 실천에 의해 천명이 좌우된다는 관념으로 발전했다."[23] 곧 천명은 하늘로부터 부여되지만, 여기에 인간의 노력이 더해져야 정당성이 부여된다는 것이다. 주 무왕은 은 주왕을 치기 전에 다음과 같이 맹서했다.

슬프도다!
우리 우방의 총군冢君과 우리의 어사御事와 서사庶士에 이르기까지 분명히 맹서를 귀담아들으시오.
천지는 온갖 만물의 어버이이고, 사람은 만물의 영장이오. 진실로 총명을 가진 자만이 임금이 되는 것이고, 임금은 곧 백성의 어버이가 되는 것이오.

이제 은나라의 왕 서우受(수, 곧 주왕)가 하늘을 공경하지 아니하며 아래 백성들에게 재앙을 내리는도다.

…

그러므로 나 소자 파(곧 무왕)가 여러 총군들로 하여금 은나라의 정치를 보도록 했더니 서우가 마음을 바로 고치지 아니하고 오랑캐와 더불어 거하여 천신과 지신을 섬기지 아니하여 선대의 종묘를 버려두고 제사를 올리지 아니하여, 희생과 자성이 이미 흉악한 도둑에게 다 빼앗긴 거나 진배없는데도 말하기를, "나는 백성이 있고 천명이 있다" 하니 그 욕됨을 어찌 징계하지 않겠는가?

…

서우의 죄는 [하나라의 마지막 왕인] 걸보다 더하여 착하고 어진 사람들을 벗기고 죽이니 이것을 간하고 돕는 사람을 학대하며 적대시하였소. 그리고 말하기를 "나는 천명을 가지고 있다"고 하였소. "공경은 행하기에 족하지 못한 것이라"고 하였소. "제사는 무익한 것이라"고 말하였소. "포학은 상하게 하는 것이 아니라"고 말하였소.…

- 『상서尙書』 「태서泰誓」

비록 은 주왕이 천명을 받았다고 주장하나 그에 걸맞은 행동을 하지 않았으니 그에게는 천명이 있다 할 수 없다. 그러니 무왕 자신이 하늘의 명을 순응해 그를 정벌하지 않으면 그 죄가 주왕과 다를 바가 없다면서 주왕을 정벌했던 것이다. 무왕이 처음 군사를 일으켰을 때 바로 공격을 하지 않고 군사를 거둔 것도 아직 '천명'이 이르지 않았기 때문이었다. 그러나 그 뒤 이어지는 주왕의 폭정은 그가 이미 천명을 저버렸다는 것을 스스로 천하에 자인하는 꼴이 되면서, 무왕이 그를 정벌할 명분을 주게 된 것이다.

이런 생각은 후대의 멍쯔孟子(맹자, 기원전 372~289년)에게도 이어졌다.

완장萬章(만장)이 멍쯔에게 물었다.

"요임금이 천하를 순임금에게 주었다고 하는데, 정말 그런 일이 있었습니까?"

"아니다. 아무리 천자라고 해도 어찌 천하를 [물건처럼] 남에게 줄 수 있겠느냐."

"그렇다면 순임금이 천하를 차지한 것은 누가 주었기 때문입니까?"

"하늘이 그에게 준 것이다."

"하늘이 주었다니요. 그렇다면 하늘이 타이르듯 명령한 것입니까?"

"아니다. 하늘은 본래 말이 없다. 다만 순의 덕행과 업적을 통해서 하늘이 그 뜻을 드러내 보였을 뿐이다."

만장이 다시 물었다.

"덕행과 업적을 통해서 드러내 보인다는 것은 어떻게 하는 것입니까?"

"천자는 훌륭한 사람을 하늘에 추천할 수는 있지만, 하늘로 하여금 천하를 그 사람에게 주게 할 수는 없다. 제후가 훌륭한 사람을 천자에게 추천할 수는 있지만, 천자로 하여금 제후의 자리를 그 사람에게 주게 할 수는 없다. 대부가 훌륭한 사람을 제후에게 추천할 수는 있지만, 제후로 하여금 대부의 자리를 그 사람에게 주게 할 수는 없는 것이다. 그 옛날 요임금이 순을 하늘에 추천하자 하늘이 그를 받아들였고, 또 백성들에게 내세우자 백성들도 그를 받아들였다. 그래서 '하늘은 본래 말이 없다. 다만 순의 덕행과 업적을 통해서 하늘이 그 뜻을 드러내 보였을 뿐'이라고 말한 것이다."

- 『맹자』「만장 상」

하늘의 뜻은 거저 얻어지는 게 아니라 그것을 실행하려는 부단한 노력을 통해 정당성을 확보할 수 있다는 것이다. 이것은 무왕이 설파한 내용과 동공이곡同工異曲이라 할 수 있다.

천명사상으로 은을 멸하고 새로운 왕조를 세운 주의 통치 이념은 후대에 큰 영향을 주었다. 이런 천명사상은 은과 주 왕조의 교체기에 등장했지만 후대에 왕조가 바뀔 때마다 그것을 합리화하고 새로 들어서는 왕조의 정통성을 확립하는 데 결정적인 역할을 했던 것이다. 이에 천명에 의해 왕이 된 자는 '하늘의 아들天子'로서 하늘의 뜻을 받들어 '하늘 아래 모든 존재天下'를 다스렸으며, 이에 '하늘 아래 모든 땅은 천자의 것이고, 사해 안의 모든 존재는 모두 천자의 신하(普天之下, 莫非王土. 率土之濱, 莫非王臣)'라는 사상이 확립되었다.

이러한 생각은 과학기술이 발달한 현재까지도 중국인들의 뇌리에 강하게 남아 있다. 그래서 어떤 정치적인 위기가 닥칠 때마다 통치자들은 인민들의 뜻이 어디에 있는지 파악하려고 노력했다. 고대에는 하늘天이 세계를 주재하는 신적인 존재였지만, 현대에는 인민이 그 하늘을 대신했기 때문이다. 이 대목에서 멍쯔가 갈파한 혁명론을 되새기지 않을 수 없다.

멍쯔가 말했다.

"하나라의 걸왕이나 은나라의 주왕이 천하를 잃은 까닭은 그 백성들의 지지를 잃었기 때문이다. 백성을 잃었다는 말은 그 백성들의 마음을 잃었다는 것이다. 천하를 얻는 데 방법이 있으니, 백성들의 지지를 얻으면 곧 천하를 얻게 된다. 백성들의 지지를 얻는 데에도 방법이 있으니, 백성들의 마음을 얻으면 곧 백성들의 지지를 얻게 된다. 백성들의 마음을 얻는 데에도 방법이 있으니, 그들이 하고자 하는 바를 해 주고 그들을 위해 저축해 둔다. 그리고 그들이 싫어하는 것을 시키지 않으면 그만이다. …"

「이루 상」9장

제나라의 선왕이 물었다.

"은나라 탕왕이 걸을 몰아내고, 주나라 무왕이 주紂를 정벌했다고 하는데, 실제로 그런 일이 있었습니까?"

멍쯔가 대답하였다.

"전해 내려오는 문헌에 확실히 그렇게 기록되어 있습니다."

"그런데 신하가 자기 임금을 시해하는 것이 과연 옳은 일이라 할 수 있겠습니까?"

"어진 사람을 해치는 자를 적賊이라고 하고, 의로운 사람을 해치는 자를 잔殘이라고 하며, 잔적을 일삼는 자는 한갓 '사내'라 부릅니다. 그러기에 무왕이 한갓 사내에 불과한 주를 죽였다는 말은 들었지만, 임금을 죽였다는 말은 듣지 못했습니다."

―「양혜왕 하」8장

패업을 완성하다,

청푸의 전쟁

중원이란 무엇인가?

현재 중국의 국명은 흥미롭다. 중국은 말 그대로 '가운데 있는 나라'라는 뜻이다. 가운데라는 것은 상대적인 개념이다. 가장자리 또는 주변을 상정해야 가운데라는 개념이 성립하기 때문이다. 자신을 가운데 두고 그 이외의 것은 모두 주변부 또는 가장자리라는 발상은 오만의 극치라고도 할 수 있다. 그런데 막상 중국이 정식 국호로 쓰인 것은 잘 알려진 대로 1912년 청 왕조를 대신해 '중화민국'이 수립된 뒤부터다. 이 중화민국을 줄여서 '중국'이라 불렀다. 그 이전에는 당연하게도 청이나 명, 원, 송 등 왕조의 명칭만 쓰였을 뿐이다.

물론 그 이전에도 중국이 주권 국가의 개념으로 사용된 적이 전혀 없었던 것은 아니다. 1689년 청 왕조가 당시 제정 러시아와 영토 분쟁을 겪은 뒤 맺은 '네르친스크조약'에서 당시 청 왕조의 외교 사신을 호칭할 때 만주어로 '중국'이라는 명칭을 처음 사용했다. 그리고 유명한 아편전쟁의 패배로 1842년 8월 29일 청 왕조가 영국과 굴욕적인 '난징조약'을 맺을 때도 중국이라는 명칭을 사용한 바 있다. 이런 예외적인 경우를 제외하면, 중국이라는 명칭은 근대 이전에는 특정한 나라를 지칭하는 고유명사가 아니라 왕조를 불문하고 자신들이 세계의 중심이라는 의미에서 쓰였던 하나의 일반명사였다.

중국인들이 이런 식으로 자신들이 살고 있는 곳을 세계의 중심으로 생각했던 것은 중국이라는 땅덩어리의 지리적 고립성도 한몫했다. 중국은 동쪽은 바다와 면해 있고, 남쪽은 히말라야산맥이 병풍처럼 둘러서 있으며, 서쪽은 티베트고원과 타클라마칸사막이 드넓게 펼쳐져 있다. 유일하게 북쪽만 열려 있어 그곳에 살고 있는 유목민족과 끝없는 갈등 관계를 유지해 왔다. 이런 지리적 고립성으로 인해 중국인들은 외부세계와 단절된 채 자신들이 살고 있는 곳이 세계의 전부라고 생각했던 것이다.

그렇게 만들어진 것이 이른바 '중화사상' 또는 '화이사상'이다. 이것은 말 그대로 자신들이 살고 있는 곳을 세계의 중심에 놓고 사방의 오랑캐를 뜻하는 '사이四夷'와 구분 짓는 것이다. 이에 대해서는 여기서 길게 설명하지 않을 것이다. 다만 공간적인 의미에서 자신들이 살고 있는 세계의 중심을 지칭하는 용어가 '중원中原', 곧 세계의 '가운데에 있는 들판'이다. 좀 더 구체적으로는 인류 사대문명 중 하나인 '황허문명'이 태동하고 그 이래로 역대 왕조의 수도가 밀집해 있는 황허 중하류 지역, 그중에서도 현재의 허난성 대부분과 산둥성 서부 및 허베이성, 산시성山西省 남부를 포함하는 지역을 가리킨다.

그러니 중국은 '중원 땅에 사는 사람들이 역대로 세운 왕조들'의 나라, 곧 '중원의 나라'를 의미하게 된다. 이곳이 세계의 중심이었던 만큼

중국의 입체지도

역대 왕조는 이곳을 지배해야 중국을 통일할 수 있다고 생각할 정도로 중요하게 여겼다. 그러나 시간이 지나면서 교통과 통신의 발달로 중원의 지리적 개념은 점차 확장되어 현재의 화베이 평원華北平原 일대를 포괄하는 개념으로 넓어졌다.

한편 중국이라는 용어가 최초로 사용된 것은 유가의 경전인 사서 삼경 가운데 하나인『시경』이다.

> 백성은 참으로 고생하고 있도다.
> 바라건대 조금 편히 지내도록
> 이 나라 안을 불쌍히 여기고,
> 사방의 나라가 태평토록 하라.
>
>
> 民亦勞止, 汔可小康. 惠此中國, 以綏四方.
>
> - 『시경』「대아大雅 · 민로民勞」

이 번역문에서 "나라 안"이라고 옮긴 '중국'은 '사방四方'(또는 '사이四夷')과 대비되는 개념으로 쓰였다는 것을 알 수 있다. 아울러 여기서 말하는 '나라'는, 곧 이 시의 배경이 되는 주周 왕조를 지칭하거니와 그런 의미에서 '중국'이라는 말이 구체적으로 가리키는 것은 주 왕조의 수도나 주나라 왕이 통치했던 지역 일대라 할 수 있다. 쓰마첸은『사기』에서 이곳에 대해 다음과 같이 언급한 바 있다.

옛날 요임금은 하동河東에 도읍하였고, 은나라는 하내河內에 도읍하였
으며, 주나라는 허난에 도읍하였다. 이 삼하三河는 천하의 한가운데에
있어 솥발과 같으니, 왕이 되는 이가 번갈아 도읍한 곳이다. 나라를 세
운 것이 제각기 수백 년이어서, 땅은 좁지만 백성은 많다.[24]

여기서 말하는 '삼하'가 곧 중원이다. 요임금 이래로 은나라를 거
쳐 주나라 역시 이곳에 터를 잡고 자신들의 역사를 써 내려갔음을 알
수 있다. 그런데 주나라는 북쪽 유목민족인 견융의 잦은 침입을 견디
지 못해 수도를 하오鎬(호)에서 지금의 뤄양洛陽(낙양)으로 옮겼다. 역사
가들은 이 사건을 하나의 분기점으로 삼아 수도의 위치에 따라 그 이
전 시기를 '서주西周'라 부르고, 그 이후를 '동주東周'라 부른다.

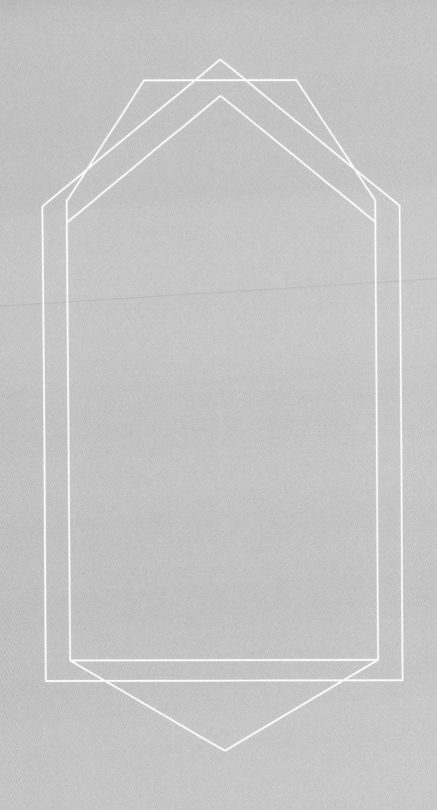

춘추라는 시기
그리고 패자의 등장

그리고 동주는 다시 '춘추시대'와 '전국시대'로 나뉘는데, 이것은 제후국 가운데 하나인 진晉나라가 한韓·위魏·조趙 세 나라로 나뉜 것을 기준으로 삼은 것이다. 여기서 춘추와 전국이라는 명칭은 모두 책 이름에서 나왔는데, 춘추는 쿵쯔가 엮었다고 하는 노魯나라의 역사책『춘추春秋』에서 나왔고, 전국은 당시 천하를 유세하던 사士들의 담론을 모아놓은『전국책戰國策』에서 나왔다. 동주 시기는 전반부인 춘추시대와 후반부인 전국시대로 나뉘는데, 이렇게 두 시대로 나눈 데에는 그럴 만한 이유가 있다. 양자가 여러 가지 면에서 큰 차이를 보이고 있기 때문이다.

먼저 춘추시대를 한마디로 대변하는 것은 '존왕양이'라는 구호다. 여기서 왕은 주나라 왕을 가리키니, 그 뜻은 '주나라 왕실을 존중하고 이민족을 물리친다'는 것이다. 이에 반해 전국시대는 '약육강식弱肉强食'의 시대로 정의할 수 있다. 양자의 가장 큰 차이는 '명분'이다. '존왕양이'라는 구호에는 어떤 행위를 할 때 주나라 왕실을 위한다는 대의 명분을 내걸고 여러 제후국들의 암묵적인 동의를 구하는 절차를 중시했다는 함의가 담겨 있다. 이에 반해 '약육강식'에는 더 이상 그런 명분 따위는 의미가 없어지고 강한 자가 약한 자를 무력으로 병탄하겠다는 우격다짐만 남아 있을 뿐이다.

그런데 '존왕양이'가 되었건 '약육강식'이 되었건 이보다 더 근본적인 문제는 주나라 왕실이 허약했다는 사실이다. 주나라는 그 시대를 대표하는 왕조였음에도 초기부터 국력이 그리 강하지 않았다. 그러한 현실은 건국 초기부터 나타났는데, 은나라를 정복하려 군사를 일으켰을 때도 병력의 숫자 등으로만 봤을 때 주는 은보다 열세였다. 그럼에도 주나라가 은나라에 승리할 수 있었던 것은 은나라가 수많은 실정으로 민심을 얻지 못했기 때문이지 결코 주나라의 국력이 은나라에 앞섰기 때문이 아니었다. 그래서 주는 건국 이후에도 강력한 국력을 앞세워 주변의 여러 부족을 누르기보다 타협책을 앞세워 유화적인 태도를 취하였다. 심지어 은 왕조의 후손들을 죽이지 않고 마지막 왕인 주왕의 아들을 명목상의 통치자로 남겨 두었다. 그리고 자신들의 조상을 위해 제사를 올리게도 했다.

다른 한편으로 교통과 통신 등 과학기술이 발달하지 않은 당시로서는 직접 통치할 수 있는 영토의 범위는 제한적일 수밖에 없었을 것이다. 그래서 왕조는 영토를 직접 통치하지 않고 왕실의 자제나 일족 그리고 주 왕실이 신임하는 신하를 파견해 정복한 영토를 대신 다스리게 했는데, 이것을 '봉건封建'이라 한다. 하지만 역사학자들에 의하면, 이것은 주 왕조가 창안한 것이 아니라 은대에도 비슷한 제도를 시행했다고 한다. 곧 주의 봉신들은 본래부터 그 지역의 군장으로서 은과 느슨한 동맹 관계를 맺고 있다가 은이 멸망하자 그 동맹 대상을 주로 바꾸었을 따름이라는 것이다. 이렇게 해서 분봉된 제후국은 주 왕실 일족이 약 56개국이고, 전체 제후국은 모두 약 130~180개국으로 추산되며, 타성바지 제후가 약 70여 개국 정도다.[25]

주 왕조는 여기에 '종법제도'라는 것을 접목시켰다. 이것은 봉건제도에 혈연적인 특색을 가미하는 것으로 주 왕실과 제후의 관계를 단순한 정치적 군신 관계가 아닌 본가와 분가의 관계, 곧 공동의 조상을 모시는 한 집안으로 규정하는 것이다. 말하자면 양자를 적절하게 결합시키되, 주나라의 천자는 적장자가 아비의 왕위를 이어 대종大宗이 되고, 적장자의 동생들은 소종小宗으로 제후가 되는 것이다. 마찬가지로 제후국에서도 제후가 대종이 되고 그 동생들은 소종이 된다. 곧 주왕을 정점으로 한 주 왕국 전체가 한 계통의 혈연조직 속에 포섭되는 것을 이상으로 삼은 장대한 국가 지배이념이 만들어진 것이다. 이렇듯 종법제도를 봉건제도와 결합시킨 것 역시 주 왕실의 영향력이 그리 크지 않았음을 반증한다. 그런 명분이 없으면 각각의 제후국들을 온전히 복속시킬 수 없었던 것이다.

하지만 시간이 지날수록 그런 혈연적인 유대 관계는 희박해졌고, 종법 관계도 소원해졌다. 그래서 점차 주 왕조는 쇠락의 길을 걷는 한편, 제후들은 주 왕실로부터 독립해 독자적인 세력을 구축했다. 이런 상황은 동주 시기에 접어들면서 심화되어 주 왕실은 명목상으로만 존재할 뿐 힘을 키운 제후국이 주변의 약한 제후국들을 집어삼켜 자신의

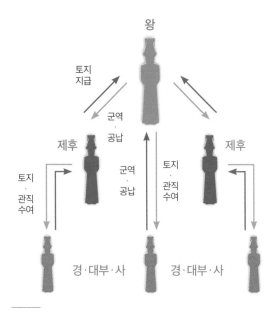

왕

토지
지급

군역
·
공납

제후

제후

토지
·
관직
수여

군역
·
공납

토지
·
관직
수여

경·대부·사

경·대부·사

경·대부·사

봉건제도

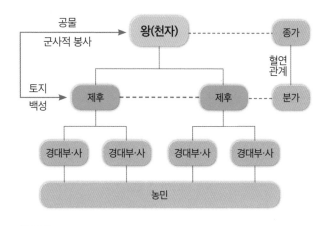

공물
군사적 봉사

왕(천자)

종가

혈연
관계

토지
백성

제후

제후

분가

경대부·사

경대부·사

경대부·사

경대부·사

농민

종법제도

속국으로 삼았다. 그런 과정을 거치면서 결과적으로 초기에 100여 개가 훨씬 넘었던 제후국의 숫자는 춘추시대 중기에 접어들면서 크게 줄어들었다. 그런 의미에서 춘추시대는 "약 200여 개에 달했던 제후국이 점차 몇 개의 국가로 통합되어 가는 과정임과 동시에 도시국가 형태였던 읍제국가에서 영역국가로 이동하는 과정이라 볼 수 있다".[26]

여기에 각 나라가 위치한 지리적 환경이 하나의 변수로 작용했다. 앞서 말한 대로 대부분의 국가는 주로 황허 유역에 자리를 잡고 그 나름의 발전을 도모했다. 하지만 밀집된 환경에서는 그 성장과 발전에 한계가 있을 수밖에 없어, 나중에는 이들 국가들은 어쩔 수 없이 소국으로 전락했다. 이에 반해 주변부에 위치한 제후국들은 오히려 중원의 전통문화와 관습에 매이지 않고 독자적인 정책을 펴 나가기가 수월했다. 또한 당시 새롭게 등장한 철기문화로 인해 일어난 제2의 농업혁명 덕에 주변의 황무지를 개간해 나라 살림을 튼실하게 만들 수 있었으며, 주변의 미개한 이족을 정벌하거나 포섭함으로써 국력이 팽창 발전할 수 있었다. 이에 따라 주변부에서는 제齊와 진晉, 초楚와 같은 대국이 나타났다.

춘추와 전국시대는 한마디로 전쟁의 시대라 할 만하다. 크고 작은 나라들이 서로의 이권 다툼을 위해 끊임없이 전쟁을 벌였다. 표면상으로는 "각국의 군주들은 하늘 앞에서 피를 마시며 맹약을 맺음으로써 공식적으로는 우호관계를 서약하였다".[27] 하지만 그러한 맹약은 수시로 깨졌다. 다양한 이유를 앞세워 각국은 치열한 전투를 벌였다. 『좌전』의 기록에 따르면 기원전 722부터 463년 사이인 259년 동안 500회가 넘는 전쟁과 100회가 넘는 내전이 벌어졌다고 한다.[28] 이런 의미에서 이후 역사에 등장한 위진남북조라는 또 다른 동란기가 있기는 하지만 각축을 벌였던 나라의 숫자만 놓고 본다면, 동주 시기는 중국 역사상 그 유례를 찾아보기 힘든 대 동란기라 할 수 있다.

그런 과정을 거쳐 앞서 말한 대국이 등장했다. 창쟝 유역을 기반으로 하는 초는 남방의 대국으로 무왕에서 문왕에 이르기까지 국력을 키워 북진해 등鄧과 신申, 식息 등의 소국들을 병탄했고, 성왕 때 이르러 그 세력이 이미 중원에 큰 위협이 될 정도였다. 초는 본래부터 자신들이 하夏의 후계자임을 자처하고 주나라에 복속되기를 원치 않았다. 그리고 기원전 9세기 무렵부터는 자신들이 중국의 유일한 정통 지배자라는 주나라의 주장에 이의를 제기하기 시작했다. 주나라의 근간을 이루었던 봉건제도가 무너지기 시작한 것도 이때부터라 할 수 있다.[29]

초에 맞서 중원의 제후들을 규합해 대항한 것은 동방의 제였다. 초가 남방의 대국이라면 제는 동방의 대국이었다. 일찍이 주 무왕을 도와 주나라를 세우는 데 큰 공을 세웠던 태공망 뤼상(우리가 흔히 강태공이라 부르는)이 분봉을 받았던 제는 주나라 초기부터 주변의 비 한족 부족의 침입을 막아 내고 주 왕실을 보호하는 막중한 정치적 책임을 지고 있었다. 그러다 환공桓公 때 이르러 명 재상 관중管仲(관중)을 등용해 내정을 정돈하고 경제 발전을 꾀해 국력을 충실히 다졌다. 제 환공은 이를 바탕으로 적극적인 대외활동을 펼쳐 나가는 한편 중원의 여러 나라와 연합해 북방 융적의 침입을 격퇴하고, 몇몇 소국들을 구해 넘으로써 중원에서의 위엄과 신망을 높였다. 그런 의미에서 환공은 춘추시대 최초의 패자霸者라 할 만하다.

패자는 글자 그대로 '패권을 잡은 자'를 의미하는데, '대 제후'나 '제후 연합의 수장' 정도를 뜻한다고 보는 게 더 적합할 것이다. 곧 이미 힘을 잃고 명목상의 천자로만 남아 있던 주 왕실을 대신해 당시 국제 정세를 좌지우지하며 주도권을 장악한 제후를 가리킨다. 흔히 춘추시대를 대표하는 패자로 '오패五霸'를 꼽는데, 이 다섯 명이 누구인지에 대해서는 의견이 분분하나, 대개 제 환공을 필두로 진晉 문공文公, 초楚 장왕莊王, 오吳 허뤼闔閭[합려 또는 그 아들인 푸차夫差(부차)], 월越 거우젠句踐(구천)을 들고 있다.

기원전 658년 초가 먼저 움직였다. 그러나 양자 간에 시비를 먼저 건 것은 제였다. 제가 토벌의 구실로 내세운 것은 첫째, 초가 주나라에 공납을 게을리했고 둘째, 서주 시대에 주의 소왕召王이 남쪽에 갔다가 사라진 일에 대한 책임이 있다는 것이다. 당시만 해도 중원의 제후국들은 예전만 못하다고는 해도 명목상 주 왕실을 존중했는데, 남방의 이민족이었던 초나라는 중원에 비해 상대적으로 독립성을 강하게 보이고 있었다. 일례로 다른 제후국들이 주나라 왕을 의식해 자신들의 군주를 공公이라 불렀던 데 반해, 초는 왕王이라 불렀다. 하지만 두 세력은 서로가 상대방을 압도할 정도의 힘은 갖고 있지 못했기에, 결국 사오링召陵(소릉)에서 강화를 맺었다. 제로서는 초를 완전히 제압하지는 못했지만, 호시탐탐 북진의 기회를 엿보던 초의 의지를 꺾었다는 점에서 전혀 소득이 없었던 것은 아니었다.

혹자는 제와 초의 대립을 두고, 기장黍이나 좁쌀粟과 같은 밭작물을 주식으로 하는 황허 중하류 지역과 쌀농사稻作를 중심으로 하는 창장 중하류 지역이 각각의 경제적 발전을 기반으로 몇 개의 정치 세력으로 결집해서 급기야 이런 남북의 양대 세력으로 대치하게 된 것으로 해석하기도 한다. 아무튼 초의 중원 진출을 성공적으로 막아 낸 제 환공은 기원전 651년 쿠이츄葵丘(규구)에서 제후들을 불러 모아 회맹會盟을 열었다. 회맹이란 제후들 사이에 어떤 문제가 발생했을 때, 이것을 회의에 붙여 결론을 내리고 그것을 시행에 옮기는 것을 말한다. 하지만 『맹자孟子』에 의하면 실제로 쿠이츄의 회맹에서 어떤 구체적인 문제가 제기되었던 것은 아니고, 주로 윤리적인 문제가 논의되었다는 것을 알 수 있다.

오패 가운데서는 제나라 환공의 위세가 가장 컸다. 쿠이츄에서 제후들이 모였을 때는 희생 제물인 소를 묶어 놓고 그 위에 맹약서를 올려놓았을 뿐이지, 그 피를 입가에 바르지는 않았다.

그 맹약의 조항은 다음과 같았다.

첫째, 불효한 자를 죽이고, 세자를 바꾸지 말며, 첩을 아내로 삼지 말 것.

둘째, 현인을 존중하고, 인재를 육성하며, 덕 있는 이를 표창할 것.

셋째, 노인을 존경하고, 아이들을 사랑하며, 손님과 나그네를 소홀히 대하지 말 것.

넷째, 선비의 관직을 세습시키지 말고, 겸직시키지도 말 것. 선비를 등용할 때에는 적절한 인물을 쓰고, 대부를 함부로 죽이지 말 것.

다섯째, 제방을 구부러지게 쌓지 말고, 이웃나라에 곡식 파는 것을 막지 말며, 대부에게 땅을 봉하고 나선 반드시 고할 것.

그리고 '우리 동맹한 제후들은 이 맹약을 맺은 뒤에 서로 우호적으로 지

낼 것'이라고 했다.

- 『맹자』「고자 하」

이때의 맹약 내용은 일상생활에 적용되는 윤리적인 규범과 허울뿐일 수 있는 평화협정에 지나지 않는다. 멍쯔는 그가 살았던 전국시대에는 그나마도 지켜지지 않았다고 하였으니 제후들 사이의 맹약이란 게 얼마나 취약한 것이었는지 알 수 있다.

그럼에도 제 환공은 이러한 일련의 과정을 통해 최초의 패자로서의 위망을 세울 수 있었다. 쿠이츄의 회맹 때 환공은 관중의 권유에 따라 당에 내려가 천자에게 배례를 올림으로써 제후들의 신망을 얻었으니, 이른바 '주 왕실을 존중하고 이민족을 물리친다'는 명분을 실천으로 옮긴 것이다. 하지만 이 회맹에는 주요한 나라들이 참가를 회피해, 제 환공이 춘추시대 최초의 패자라는 칭호는 들었을지언정 진정한 패자라 하기에는 약간 부족한 감이 없지 않았다. 이후 제는 환공이 패자의 지위에 오르는 데 결정적인 공헌을 했던 명재상 관중이 죽고 난 2년 뒤 환공마저 죽자 급속히 쇠락의 길로 접어들었다. 왕위 계승을 두고 그 아들끼리 싸움을 벌인 데다 그 틈을 타 송宋, 위衛, 주邾 등의 공격을 받았던 것이다. 결과적으로 제는 국력이 쇠미해져 환공이 이루어 놓은 패업을 상실하고 자연스럽게 패자의 지위를 잃고 말았다.

초의 중원 진출과
진 문공의 등장

제의 쇠락 이후 패자를 자처한 것은 송의 양공襄公이었다. 송 양공이 패자를 자처했던 것은 제 환공이 죽고 이후 벌어진 왕자들의 싸움에 개입했기 때문이다. 제의 태자인 자오昭(소)가 왕위 계승을 둘러싼 다툼 끝에 패하여 송으로 망명하자 송 양공은 군대를 이끌고 제를 공격해 자오를 왕위에 올려놓으니 그가 바로 제 효공孝公이다. 이 일로 양공은 스스로 패업을 이루었다고 자부하고 회맹을 자주 소집했다. 문제는 송이 패자를 자처하기에는 국력이 그만큼 뒷받침해 주지 못했다는 데 있었다. 게다가 양공 자신도 일종의 허세에 빠져 상황을 객관적으로 파악하지 못했다. 그럼에도 양공은 당시 대국인 초와 갈등을 빚었다.

결국 기원전 638년 강대국인 초와 직접 맞설 수는 없었던 송은 초의 동맹국인 정鄭을 치게 된다. 초는 동맹국인 정을 돕기 위해 군사를 일으켰고, 송과 초는 홍수이泓水(홍수)에서 일전을 벌였다. 이때 초는 수적으로 우세한 것을 믿고 먼저 강을 건너기 시작했다. 송의 재상이자 양공의 이복형인 무이目夷(목이)는 초의 군사가 강을 건너느라 대오를 정비하기 전에 공격해야 한다고 건의했으나, 양공은 이를 묵살하며 다음과 같이 말했다. "군자는 부상자를 공격하지 않으며, 늙은이를 포로로 하지 않는 법이다. 좁은 길목이나 강 가운데서 이기려 하는 것은 옛어진 사람들이 취한 바가 아니다. 내 비록 망국(亡國, 은나라를 가리키며 송이 은나라의 후예가 세운 것을 의미함)의 후예이긴 하나, 적이 대오를 정비하기 전에 공격 명령을 내리는 치사한 짓은 하지 않을 것이다." 이에 초나라 군사는 모두 강을 무사히 건넌 뒤 대오를 정비하고는 송나라 군사를 쉽게 물리쳤다. 그리고 양공은 이 싸움에서 입은 부상으로 그 이듬해에 사망하게 된다.

허세만 부리다 죽은 양공의 뒤를 이어 패업을 이은 이는 진晉의 문공이었다. 문공은 본명이 충얼重耳(중이)로 진 헌공獻公의 아들이다. 그러나 왕위를 두고 벌어진 암투로 인해 진나라를 떠나 무려 19년 동안 여러 나라를 떠돌며 망명생활을 해야 했다. 그 사이 충얼이 거쳐 간 나라만 해도 적狄, 위衛, 제齊, 조曹, 송宋, 정鄭, 초楚, 진秦 등 여덟 나라나 되었다. 몇몇 나라는 그의 일행을 푸대접하였으나 제와 송의 경우는 그 인물을 알아보고 그들을 극진히 대접하였다. 초나라에 있을 때는 당시 성왕成王이 충얼을 후대했는데, 한 번은 연회를 베풀고 그에게 물었다. "그대가 만약 진나라로 돌아가게 된다면 무엇으로 과인에게 보답하겠소?" 충얼은 잠시 생각하다 대답했다. "주군께서는 어떤 보물도 다 가지고 계십니다. 무엇을 드리면 좋을지 선뜻 생각이 나질 않습니다." "그렇지만 무슨 보답이 있어야 하지 않겠습니까?" 초왕이 이렇게 재차 캐물은 것은 충얼의 동생인 이우夷吾(이오)가 진秦 목공穆公의 도움으로 진晉으로 돌아가 혜공惠公이 된 뒤 애당초 약속했던 허시河西(하서)의 땅을 주지 않고 배신했던 것을 은근히 빗대며 비난한 것이었다. 이에 충얼은 약간 당황한 듯한 표정을 지으며 말했다. "좋습니다. 앞으로 초나라와 싸움터에서 마주칠 일이 있으면, 삼사三舍의 거리를 후퇴하겠습니다." 여기서 '삼사'의 거리란 당시 군사들이 사흘치의 식량으로 행군할 수 있는 거리로 약 36킬로미터에 해당한다. 이 말을 들은 성왕의 부하 쯔위子玉(자옥)는 망명 공자에 지나지 않는 주제에 왕에게 건방진 말을 했다며 분노하여 충얼을 죽이려 했다. 그러나 성왕은 "하늘이 일으키려고 하는 것을 어떻게 제지할 수 있겠느냐"며 그를 살려두었다.

하지만 충얼에게 결정적인 도움을 준 것은 목공이었다. 목공은 일찍이 충얼의 아우인 이우가 왕위에 오를 때 앞서 말한 허시의 땅을 주겠다는 약속을 받고 그를 지지하였다. 그러나 이우는 왕위에 올라 혜공이 되었음에도 약속을 지키지 않았다. 그 뒤 진晉에 흉년이 들어 혜공이 진秦에 곡식을 베풀 것을 요구했을 때도 목공은 신하들의 반대에도 불구하고 "군주는 악하지만 백성들이 무슨 죄가 있겠는가"라며 곡식을 보내 주었다. 하지만 그 이듬해 이번에는 거꾸로 진秦에 흉년이 들어 목공이 혜공에게 도움을 청했으나 혜공은 오히려 그 틈을 타 진을 공격했다(혜공 6년, 기원전 645년). 치열한 전투 끝에 오히려 혜공은 진에 사로잡혀 포로가 되었다. 목공은 혜공을 놓아 주는 대신, 태자 위圉(어)를 인질로 잡고는, 혜공이 즉위할 때 약속했던 허시의 땅까지 받아 갔다.

혜공 14년(기원전 637년) 9월 혜공이 병으로 죽자 진에 인질로 잡혀 있던 태자 위는 본국으로 달아나 왕위에 올라 회공懷公이 되었다. 인질이 몰래 도망을 친 것은 관례에 어긋나는 일이라 목공은 이 행동에 분노했다. 그때 목공은 초나라에 있던 충얼에게 사자를 보내 그를 초청했다. 이 소식을 들은 초 성왕은 많은 예물을 주어 충얼을 진으로 보내주었다. 진에 도착한 충얼을 위해 목공은 제후의 예로 그를 맞이해 연회를 베풀었다. 그리고 충얼에게 군사를 주어 진晉으로 돌려 보내니 충얼이 망명생활을 떠난 지 19년 만의 일이었다. 진의 민심은 진즉 충얼에게로 돌아서 있었다. 충얼은 회공을 몰아내고 왕위에 올라 진 문공이 되었다. 그때 그의 나이 62세였다.

이때는 제의 힘이 쇠약해져 예전의 모습을 찾을 길 없었고, 잠시 패업을 추구했던 송 역시 허장성세에 불과했기에 진晉이 이들을 대신해 중원의 새로운 지배자가 될 수 있었다. 진이 이처럼 짧은 시간에 나라의 힘을 키울 수 있었던 것은 문공이라는 걸출한 인물이 있었기 때문이기도 하지만, 어찌 한 나라의 부강이 단지 한 사람의 힘만으로 가능했겠는가? 진이 강국이 될 수 있었던 것은 중원에서 벗어난 주변부에 위치해 경계를 접하고 있던 북방의 이민족인 융적을 적극 받아들여 동화시켰고, 수렵에 뛰어난 이민족의 전투력을 조직적으로 받아들여 군사력을 강화할 수 있었기 때문이었다. 또 이 지역은 인구가 드물고 미개지가 넓게 퍼져 있었는데, 이것을 적극적으로 개척해 나라 살림을 튼실하게 할 수 있었다. 북방의 진이 그러했다면, 남방의 초 역시 비슷한 여건이었던지라 자연스럽게 두 나라는 남북을 대표하는 주요한 세력으로 발전해 쌍방 간에 끊임없는 격전을 되풀이했다.

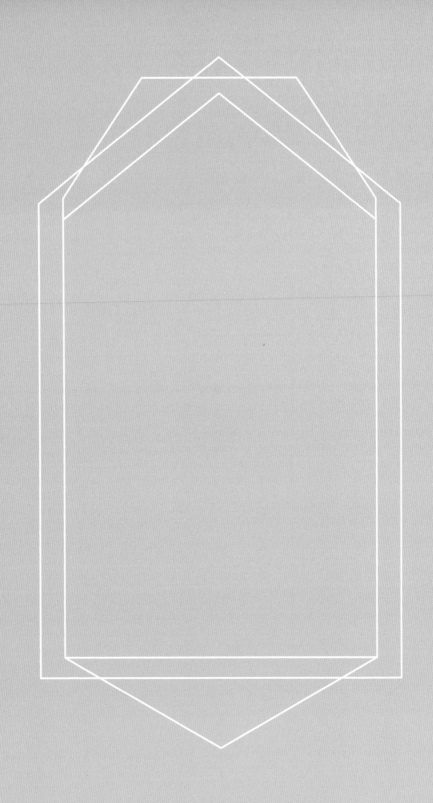

중원과 남방 세력의 충돌, 청푸의 전쟁

기원전 635년 진 문공은 반란이 일어나 도망쳐 온 주나라 양왕襄王을 보호하고 주의 수도에서 일어난 반란을 토벌하였다. 이것은 춘추시대를 대표하는 '존왕양이'라는 대표적인 가치를 실현한 하나의 예이자 문공의 위망이 높아진 계기가 되었다. 남방의 초 역시 국력을 앞세워 중원의 정치 판도에 간섭하고자 했다. 결국 두 나라는 천하의 패업을 놓고 일전을 벌이지 않을 수 없는 형국으로 내몰렸다.

먼저 움직인 것은 초였다. 기원전 633년 겨울 초는 중원으로 진출해 송나라의 수도를 포위하였다. 이에 송은 사람을 보내 진에게 구원을 요청했다.

> 겨울에 초의 임금 성왕은 제후들과 힘을 합해 송을 포위했다. 송의 궁쑨
> 구가 진晉으로 가서 사태의 위급함을 알렸다. 진의 신하 셴전先軫(선진)
> 이 말했다.
>
> "일찍이 받은 은혜를 갚아 그 재난을 구하고, 국위를 제후들에게 선양해

서 패자가 되는 것은 지금이 매우 좋은 기회입니다."

또 후옌狐偃(호언)이 말했다.

"초는 비로소 조曹와 사이가 좋아졌고, 또 새로이 위衛와 혼인 관계를 맺었습니다. 그러니 만약 조와 위를 친다면 초는 반드시 그들을 구할 것이니 제와 송은 초의 공격을 면하게 될 것입니다."

- 『춘추좌전(春秋左傳)』 희공僖公 27년 기원전 633년

일찍이 문공이 망명생활을 할 때 당시 송 양공은 초나라와의 전쟁에서 패배해 어려운 처지였음에도 문공 일행을 제후의 예로 환대한 바 있었다. 셴전은 그 사실을 들어 반드시 송을 구해야 한다고 진언했던 것이다. 하지만 강대국인 초와 전쟁을 벌이는 것은 아무래도 부담스러운 일이었다. 아울러 진晉과 송宋 사이에는 초와 우호 관계를 맺고 있는 조曹와 위衛가 끼어 있어 출병할 경우 측면과 뒤에서 협공을 당할 우려가 있었다. 그래서 후옌은 먼저 조와 위를 쳐야 한다고 주장한 것이다. 여기에 주변 국가들인 제와 진秦 역시 그 속내를 알 수 없었다. 그래서 일단 송에게 상황을 설명하고 송으로 하여금 제와 진에 초와 교섭을 부탁하도록 하는 한편 먼저 조와 위를 정벌하였다. 기원전 632년 1월 빠른 속도로 진군한 진의 군사는 위를 점령한 뒤, 다시 조를 공격해 3월에는 조의 수도를 함락시키고는 조의 국군國君인 차오궁궁曹共公을 사로잡았다.

이제 공은 초로 넘어갔다. 애당초 진이 조와 위를 공격한 것은 이를 통해 초를 유인해 북상시키려는 것이었다. 하지만 초는 오히려 전

력을 다해 송의 수도를 공격했다. 계획이 어그러진 진은 진퇴양난에 빠졌다. 송을 구하기 위해 자신들의 근거지에서 먼 곳까지 출병해 초와 결전을 벌이자니 병력의 한계로 승리를 장담할 수 없고, 그대로 두자니 송은 초의 공격을 버티지 못하고 투항을 할 것이었다. 이때 진의 대부인 셴전이 다음과 같이 건의했다. 먼저 송으로 하여금 제와 진秦에 뇌물을 주어 송을 대신해 초에 군사를 물릴 것을 권유하는 동시에 진晉은 자신들이 점령하고 있는 조와 위의 땅을 송에 넘겨준다. 초는 제와 진에 뇌물을 보내고 자신의 동맹국인 조와 위 땅을 차지한 송의 처사에 분노해 제와 진의 철군 제안을 받아들이지 않을 것이다. 그리하면 제와 진秦은 이미 송의 뇌물도 받은 터에 초로부터 면박을 당하는 셈이니 반드시 진晉과 협력하여 초를 토벌할 것이다(『춘추좌전』 희공 28년 기원전 632년).30

진 문공이 셴전의 제안을 채택해 실행하니 과연 그가 말한 대로 되었다. 이에 초 성왕은 형세가 불리하게 돌아가는 것을 보고 대장인 쯔위에게 송에서 철병해 진과의 군사적 충돌을 피하라고 명했다.

"진晉의 군사를 쫓아서는 안 된다. 진 문공은 나라 밖으로 19년 동안이나 망명생활을 하면서 진을 얻었으니, 그동안 온갖 험난한 일과 어려움을 두루 맛보았다. 그러므로 백성들의 진정과 허위를 모두 알고 있고, 하늘이 그를 장생케 하여 해치는 자들을 모두 제거하게 했던 것이다. 하늘이 임금으로 세우려는 자를 인력으로 폐할 수 있는가? 병서에도 '적과 아군의 병력이 필적할 때에는 물러난다'고 했고, 또 '어려움을 알면 물러

하지만 오만했던 쯔위는 왕의 명에 반해 "감히 반드시 공을 세우고
자 하는 것"은 아니고 "저에게 욕을 한 사람의 입을 틀어막으려는 것"이
라며 자신이 진의 군사와 싸우는 것을 윤허해 달라고 고집을 부렸다.
이에 성왕은 화가 나서 쯔위가 요구한 만큼의 군사가 아닌 겨우 시광西
廣(서광)과 둥궁東宮(동궁), 뤄아오若敖(약오)의 군대 600명만을 보냈다.

쯔위는 대부 완춘宛春(완춘)을 진晉에 사자로 보내 조와 위의 국군을
풀어 주면 송나라의 포위를 풀겠다고 제안했다. 이는 짐짓 송과 진에
게 호의를 베푸는 것 같지만, 진이 중원에서 패업을 이루는 것을 포기
하도록 압박한 것이었다. 이에 대해 진은 완춘을 붙잡아 놓고 몰래 조
와 위에 사람을 보내 나중에 나라를 회복시켜 줄 터이니 초와 관계를
끊으라고 종용했다. 이 사실을 알고 쯔위는 화가 나 병사를 이끌고 진
의 군대를 압박했다. 진 문공은 예전에 초 성왕에게 약속한 대로 자신
의 군사를 '삼사의 거리'로 후퇴하게 했다. 신하들은 이에 반대하였으
나 신의를 저버리면 안 된다는 문공의 뜻에 따를 수밖에 없었다.

진의 군대가 후퇴하자 군리軍吏가 말했다.

"임금이 신하의 군대를 피하여 퇴각하는 것은 치욕입니다. 게다가 초의

군대는 지쳐 있습니다. 어째서 퇴각합니까?"

쯔판子犯(자범)은 이렇게 말했다.

"군대란 정당한 도에 처해 있을 때가 사기왕성한 것이고, 부정할 때가 피로한 것이니 어찌 오래 싸웠다고만 지치는 것이겠소. 그리고 전에 초의 은혜를 받지 않았다면 오늘날 진의 임금이 되지 못했을 것이오. '삼사의 거리'를 물러나 초의 군대와 싸움을 피하는 것이 예전의 은혜를 갚는 방법이오. 은혜를 배반하여 약속을 어기고 초의 적국인 송을 지키면 우리는 올바르지 않고 초는 옳으며, 또한 초의 군대는 원래 배불리 먹어 초의 군대가 피로하다고 말할 수는 없소. … 만일 초의 군대가 돌아가지 않는다면, 그것은 임금은 물러갔는데 신하가 쳐들어오는 것이라 잘못은 초에 있게 되는 것이오."

- 『춘추좌전』 희공 28년 기원전 632년

이에 진의 군사는 청푸[현재의 산둥성山東省(산동성) 쥐엔청鄄城(견성) 서남쪽]까지 철군했다.

진 문공의 처사는 단순히 예전에 자신이 초 성왕에게 한 약속을 지키는 것 이상의 의미가 있었다. 일단 이 싸움은 초 성왕이 발을 빼고 뒷전에 물러남으로써 제후인 진 문공과 초의 신하인 쯔위의 싸움으로 변질되어 버렸다. 군주가 발을 뺀 싸움을 신하가 무리하게 추진하는 모양새가 됨으로써 초의 군대는 주변국들로부터 동정의 여론을 얻지 못했다. 아울러 군사적으로는 철군함으로써 제와 진秦의 동맹군과 회합하여 병력을 집중할 시간적 여유를 얻을 수 있었다. 이렇게 해서 진은 여유 있게 초의 공격에 대비해 만반의 준비를 갖추고 충분한 휴식까지 취할 수 있었다. 이에 초의 진중에서도 일을 신중하게 도모해 추격을 멈추어야 한다는 주장을 하는 사람이 있었다. 하지만 쯔위는 이것이 진의 군사를 섬멸하고 조와 위를 수복할 수 있는 절호의 기회라여겨 초의 군사를 몰아 청푸에 이르렀다.

기원전 632년 4월 4일 결전의 날이 왔다. 초의 군사는 초와 진陳, 채蔡 세 나라의 군사를 중, 좌, 우 세 군으로 나누었다. 중군이 주력으로 쯔위가 직접 지휘를 하였고 좌군 역시 초의 군사로 쯔시子西(자서)가지휘했다. 우군은 진陳과 채의 군사들로 구성되었는데 전투력이 제일취약했으며 초의 장수 쯔상子上(자상)이 지휘했다. 한 차례 교전을 통해진은 비교적 취약한 초의 좌우군을 먼저 치고 나중에 병력을 집중해중군을 공격하는 작전 계획을 세웠다. 이에 진晉 하군下軍의 쉬천胥臣(서신)이 먼저 전차를 끄는 말들에게 호랑이 가죽을 씌우고 초나라 군 중에서 전투력이 제일 약한 우군인 진陳과 채의 군사들을 공격했다. 진과채의 군사는 혼비백산하여 궤멸되었다. 초의 쯔위와 쯔상은 우군이 무너진 것을 보고 진의 중군과 상군에 대한 공세를 강화했다.

진晉의 우익인 상군의 주장 후마오狐毛(호모)는 전차에 2개의 깃발을꽂고 뒤로 돌려 후퇴하는 듯 초의 군사를 유인했다. 이와 동시에 하군주장 롼즈欒枝(란지)도 전차로 나뭇가지를 끌고 다니며 흙먼지를 일으켜진나라 군사들이 후퇴하는 듯 초의 군사를 유인하였다. 초의 쯔위는진의 우익이 패퇴한다고 여겨 초의 좌군으로 하여금 이를 추격하게 했다. 초의 좌군이 진의 상군을 추격할 때 측면이 드러나자 진의 셴전은정예 군사인 중군을 몰아 허리를 끊고 공격을 가하는 동시에 후마오와 후옌도 초의 좌군을 협공해 초의 좌군은 궤멸되었다. 초의 쯔위는 좌우군이 모두 패한 것을 보고 중군에 영을 내려 진공을 멈추게 하니 이로써 싸움은 진의 승리로 끝이 났다. 쯔위는 치욕을 견디지 못해 자살했다.

진 문공의 패업

개전 초기는 진이 불리한 형국이었던 데다 당초의 약속을 지키느라 '삼사의 거리'를 후퇴함으로써 패할 수도 있는 상황이었다. 그러나 진 문공은 무력이 아닌 인의를 실천함으로써 사람들의 마음을 얻어 전투에서 승리할 수 있었다. 결국 이 전쟁의 패배로 초는 더 이상 중원을 넘보지 못했고, 문공은 진정한 의미에서 중원의 패자로 올라섰다. 이에 문공은 싸움에서 승리한 뒤 돌아오는 길에 졘투踐土[천토, 오늘날 허난 성 잉양현滎陽縣(형양현) 동북쪽]에 왕궁을 짓고 주나라 왕과 제, 노, 송, 위 등 7국을 초청해 회맹하였다.

계해일(5월 28일)에 왕쯔후王子虎(왕자호)는 제후들과 졘투의 왕궁에서 동 맹을 맺었다. 이 동맹에서 약속한 말은 다음과 같다.

"제후들은 모두 주나라 왕실을 도와 서로 침해하는 일이 없어야 한다. 만일 이 동맹을 위반하면 밝은 신은 그들을 죽이고 그 군대를 약하게 하 며, 그 나라에는 행복이 없고 그들의 자자손손에 이르기까지 노소를 가릴 것 없이 모두 벌을 받을 것이다."

- 『춘추좌전』 희공 28년 기원전 632년

이때 주나라 양왕은 진 문공에게 후백의 칭호를 내렸다. 후백이란 제후들 중의 영수를 가리키는데, 이는 문공이 명실공히 중원의 패자가 되었음을 뜻한다. 춘추시대를 대표하는 패자로 꼽히는 오패에 대한 의견은 분분하지만 제 환공과 진 문공은 이론의 여지없이 어떤 경우에도 포함된다. 그만큼 문공이 이룬 패업의 의의는 확고했다고 볼 수 있다. 문공은 기원전 628년 겨울 69세의 나이로 숨을 거두었다. 사후에 패업을 이루었다는 공적을 인정받아 시호 가운데 최상급인 문文을 시호로 얻어 문공이 되었다. 진 문공은 여러 우여곡절을 겪고 진나라에 돌아왔기에 즉위할 당시 나이가 너무 많아 그가 재위한 것은 고작 9년에 불과했다. 그럼에도 진나라는 문공 사후에도 힘을 잃지 않았으니, 이것은 환공이 죽자 막 바로 패자의 위치를 잃었을 뿐 아니라 국력마저 쇠미해진 제나라와 다른 점이었다.

한편 진晉과 초楚라는 남북을 대표하는 두 세력의 교전으로 직접적인 피해를 입었던 곳은 그 중간 지대였던 허난성 중부에서 남부에 해당하는 송宋과 정鄭, 진陳, 채蔡 같은 여러 소도시 국가들이었다. 그 가운데 하나인 송의 재상 화위안華元(화원)이 남북연맹의 화평을 제의하여 기원전 579년에 회의가 열렸으나, 구체적인 성과는 없었다. 이후에도 양국 사이에는 크고 작은 싸움이 연이어 벌어졌다. 기원전 546년 송은 샹쉬向戌(향술)가 화위안에 이어 미병弭兵, 곧 정전회담을 제안하였다. 이

때는 진과 초가 모두 국력이 잠시 쇠미해진 상태라 정전 제안을 받아들였다. 같은 해 6월과 7월 사이에 진과 초를 비롯해 제, 진秦, 송, 위, 정, 노 등 14개국이 송의 수도에서 미병을 위한 모임을 열었다. 회의의 내용은 진과 초를 따르는 나라들은 반드시 서로 예우를 다하도록 규정했는데, 이것은 진과 초를 공동의 패자로 승인한 것이었다. 이 회의 이후 수십 년간 두 강대국의 역량은 점차 균형을 이루어 전쟁도 이전보다 감소하였다.

그러나 맹약은 중원에 대한 야심을 버리지 않았던 초에 의해 결국 파기되고 또다시 전쟁이 일어났다. 초는 북상하여 진과 채를 멸하였다. 그러나 이번에는 진이 수수방관하였기에 초는 이러한 기세를 업고 중원으로 진출하였다. 하지만 누가 알았으랴? 이번에는 초의 배후라 할 오吳와 월越이 차례로 일어나 북상함으로써 초는 군사를 돌릴 수밖에 없었고, 초의 패업은 무산되고 말았다. 이렇게 하여 천하는 새로운 국면을 맞이하고 춘추시대는 그 막을 내리게 되었다.

천하통일로 가는 길목,

창핑의 전쟁

진의 삼분과
전국시대의 개막

춘추시대는 명분을 앞세운 시대라 할 만하다. 진 문공은 '청푸의 전쟁'에서 승리해 초의 군대로부터 400마리의 말과 1천 여 명의 군사를 얻었으나, 이것을 모두 주나라 왕에게 바쳤다. 그 대신 주 양왕은 진 문공 충얼에게 패자라는 지위를 부여함과 동시에 여러 가지 칭호와 작위로 이에 보답했다. 진 문공이 후대의 역사가들로부터 진정한 패자로 인정받은 이유는 그가 '청푸의 전쟁'에서 예전에 약속했던 '삼사의 후퇴'를 실행하고 춘추시대를 떠받혔던 존왕양이라는 명분을 실현했기 때문이었다. 그러나 시간이 흐르면서 이런 기조는 점차 흔들렸고, 이내 각국은 저마다의 이해타산에 의해 강자가 약자를 겸병하는 약육강식의 시대로 접어들게 되었다.

그리하여 춘추시대 초기 200여 개를 헤아리던 제후국들은 이합집산 끝에 말기에 이르러 10여 개국으로 감소했다. 이런 와중에 열국은 내부적으로 군주와 구 귀족의 세력이 점차 쇠약해지고, 이를 대신하는 신흥의 호족들이 대두함으로써 내분이 일어나게 되었다. 곧 춘추시대 말기에 이르면 제후들의 세력이 점차 쇠미해지고 정치권력의 실권은 제후국 내 귀족 가문의 손으로 들어갔다. 제후 가문은 사치스러운 일상에 빠져 백성들의 삶을 돌보지 않았다. 이에 반해 귀족 가문에는 자신들을 자문해 주는 모사도 있고, 가병家兵으로 이루어진 무력도 갖고 있었다. 이제 귀족 가문의 힘이 제후 가문을 능가함으로써 양자 사이의 모순과 갈등이 격화되어 갔고, 동시에 이들 귀족 가문들 사이에서도 경쟁이 일어났다.

이를테면, 제齊의 경우 제 환공 이후 귀國(국), 가오高(고), 란欒(란), 바오鮑(포), 추이崔(최), 칭慶(경), 옌晏(안), 톈田(전) 등과 같은 귀족 가문이 있었다. 이 가운데 톈씨 가문이 가장 힘이 강해 나머지 가문들을 차례로 꺾었고, 기원전 489년과 기원전 481년에는 두 차례에 걸쳐 제의 군주를 살해했다. 이후 톈씨 가문은 제에서 절대적인 권력을 휘둘렀고, 제후 가문은 명목만 남아 있게 되었다. 이런 상황은 제에만 국한된 게 아니었다. 정鄭, 위衛, 송宋, 노魯 등 나머지 제후국들 역시 비슷한 내분을 겪었다.

춘추시대 중원 세력의 중심이었던 진晉 역시 예외는 아니었다. 패자의 지위에 올랐던 진 문공 대에 이르면 제후 가문의 후손들은 씨가 마르고 타성바지들이 대부가 되어 실권을 장악한다. 더욱이 진 문공 이후 제후들이 이들 귀족 가문들에 의해 살해되는 일이 잦아졌다. 기원전 607년 자오촨趙穿(조천)이 영공靈公을 시해하였고, 기원전 573년에는 란수欒書(난서)와 중싱옌中行偃(중행언)이 여공厲公을 시해하였다. 여공 이후에는 귀족 가문들 사이에 서로 먹고 먹히는 싸움이 일어나 10개

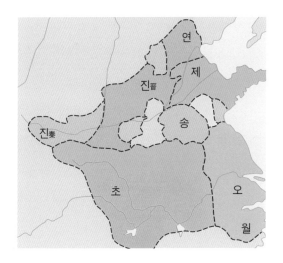

진의 삼분

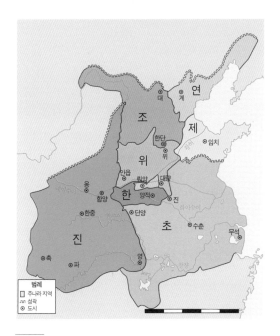

전국 칠웅

가문이던 것이 한韓(한), 웨이魏(위), 자오趙(조), 판范(범), 즈知(지), 중싱中行 (중행)이라는 6개 성씨로 줄어들어, 이들이 육경六卿을 세습하면서 국정의 실권을 쥐게 되었다.

그러나 이들 여섯 가문의 싸움 역시 그치지 않아 기원전 497년에 한, 웨이, 자오, 즈 이 네 가문이 판과 중싱 두 가문을 정벌해 그 세력을 소멸시켰다. 하지만 이후에도 남아 있던 가문 중 가장 강력했던 즈씨가 몰락하자 판과 중싱 두 가문에 땅을 분배하는 문제로 분란을 일으켰다. 초기에는 즈씨가 자오씨를 포위 공격했으나, 갑자기 나머지 한과 웨이씨가 연합해 즈씨를 공격했다. 이에 즈씨 가문은 일족이 전멸되고 토지는 나머지 세 가문에 의해 분할되었다. 당시 진晉의 왕실은 극히 쇠미하여 세 가문은 진후晉侯의 토지마저 분배해 버리니 이에 진은 소멸되고, 한韓, 위衛, 조趙의 삼진三晉이 성립되었다(기원전 453년). 역사가들은 이를 '전국시대'의 시작으로 여기고 있다.

진晉은 문공이 패업을 이룬 뒤 사실상 여러 국가들 간의 갈등을 적절히 해소하고 균형을 잡아주는 조정자 역할을 해왔다. 그랬던 진이 소멸하자 당시의 국면은 크게 흔들리게 되었다. 아울러 삼진의 입지 역시 중원에 자리 잡아 갈등이 끊이지 않았던 이른바 '사전지지四戰之地'에 처했으며, 이들 군주는 병탄과 정벌을 통해 일어났기에 지극히 호전적이었다. 그러므로 전국시대에 일어난 수많은 전쟁은 거의 대부분 이들 삼진에 의해 야기되었다 해도 과언이 아니며, 그런 의미에서 삼진은 전국시대를 혼란에 빠뜨린 주범이라 할 수 있다.

한편 이때는 주周 왕의 권위가 완전히 땅에 떨어져 한낱 소국의 제후로 변해 버렸고, 극심한 생존경쟁에서 살아남은 일곱 나라의 군주는 스스로 왕이라 칭하며(이른바 전국칠웅戰國七雄), 천하의 패권을 놓고 격렬한 싸움을 벌여 나갔다.

전국시대 각국의
부국강병책과 변법

춘추에서 전국으로 넘어가는 것이 단순히 제후국의 숫자가 줄어든 것만 의미하지는 않는다. 두 시기는 여러 가지 면에서 전혀 다른 면모를 보이고 있다. 가장 큰 차이는 춘추시대를 대표하는 하나의 가치였던 '존왕양이'가 힘의 논리인 '약육강식'으로 대체되었다는 것이다. 주 왕실의 권위는 땅에 떨어질 대로 떨어져 존재감조차 사라져 버렸고, 천하는 강한 국력을 가진 제후국이 힘이 약한 소국을 마음대로 유린하는 대 동란의 시기로 접어든 것이다.

다른 한편으로 이 시기의 변화를 주도한 것은 철기의 광범위한 사용을 앞세운 사회경제의 발전이었다. 중국에서 철이 본격적으로 개발된 것은 기원전 7세기경이었는데, 이후 200년도 채 지나지 않아 철은 농기구나 무기에 두루 사용되었다. 철제 농기구의 사용으로 이전보다 많은 토지가 개간되고 경작이 불가능했던 토지들을 경작지로 바꿀 수 있었다. 그로 인해 전국시대의 농업 생산력은 과거에 비해 월등히 높아졌다. 아울러 농업과 수공업 간의 분업이 가속화되고 상업도 발달했다. 이러한 토대의 변화는 필연적으로 그 상부 구조인 정치, 사회, 경제 모든 분야에 큰 변화를 초래했다.

전국시대에 이르게 되면 무엇보다 전쟁 양상이 크게 달라진다. 진 문공이 '청푸의 전쟁'에서 승리를 거두었을 때만 해도 주력은 전차를 이용한 것이었다.

옛 문헌에는 전차 1대당 보병 70명을 기술하고 있지만, 다른 전쟁터에서의 피해 상황으로 보건대 훨씬 낮은 숫자, 즉 어떤 전투에는 전차 1대당 10명에서 30명 사이로 추정되기도 한다. 보병과 함께 전차 1대당 3명의 숙련된 전사가 탑승한다. 운전병이 전차를 조정하려고 애쓰는 동안 지휘관은 왼쪽에 서서 적병을 거냥해 활을 쏘고, 그 오른쪽에서 한 전사가 방패로 지휘관을 보호하였다. 전차는 만드는 데에는 엄청난 돈이 들었지만, 자주 전복되거나 늪에 빠져 옴짝달싹 못하기도 하였다. 당시 최대 전차 병력은 1만 명을 헤아렸고, 그들 중 대부분은 군주가 거처하는 도시에 거주하였다.[31]

귀족정치 시대였던 춘추시대의 도시국가들은 이런 식으로 귀족이 전차를 타고 전쟁을 벌였기에 열국의 병력은 전차의 숫자로 가늠할 수 있었다. 이에 당시 병력 규모를 표현할 때도 전차의 보유수에 근거해 '천승지국千乘之國'이니 '만승지국萬乘之國'이니 하는 식으로 불렀다. 전쟁의 양상 역시 전투에 참여한 전차부대가 벌판에서 대열을 갖추고 늘어서 전투를 벌이는 동안 농부들이 먼발치에서 느긋하게 싸움을 감상하는 경우도 있었다. 전차전의 특성상 한쪽 편 전차의 진용이 무너지면 전쟁의 성패가 그걸로 끝이 나게 된다. 앞서 말한 '청푸의 전쟁'이 가장 대표적인 예라 할 수 있다. 초의 좌우군이 진의 공격에 무너지자 중군이 피해를 입지 않았음에도 전투는 그걸로 종결되었다. 따라서 전쟁 기간도 하루나 이틀에 불과했다.

그러나 전국시대에 접어들면 귀족 위주의 전통적인 전차전에서 벗어나 일반 농민들이 전투에 참여하는 보병전으로 양상이 변화한다. 이런 양상은 춘추시대 중기에 이미 나타났는데, 똑같은 전차전을 수행하더라도 점차 보병이 중시되어 전차 1대당 인원이 10여 명에서 30명으로 늘었다가 전국시대에는 70명에 이르게 되었다. 여기에 북방 유목민족의 영향을 받은 일부 제후국들에 의해 기병전이 도입되었다. "북부 지역에 위치한 진나라는 자위 목적으로 독자적인 기병 부대를 발달시켰지만 그들은 이것을 곧 다른 국가들을 공격하는 데 사용하였다. 말을 획득하고 방목하는 일이 군비의 핵심 요소가 되었고, 이는 몇 세기 동안 지속되었다."[32]

전쟁의 양상이 변했다는 것은 그 토대를 이루는 사회경제적인 변화가 이를 뒷받침했다는 것을 의미한다. 보병전은 대량의 병사가 동원되어야 했고, 전쟁 기간 또한 장기화되었다. 예전에 하루나 이틀이면 끝났던 전쟁이 몇 년씩 걸리는 게 상례가 되었다. 수십만 명에 달하는 병사들을 충당하기에는 귀족의 집에서 기숙하던 종신從臣들만으로는 필요한 인원을 채울 수 없어 농민을 주체로 한 징병제가 실시되었다. 아울러 대규모의 병력에게 군량을 공급하기 위해 전 영토에 걸쳐 새로운 수취 방식이 도입되었다.

종법제도에 바탕한 봉건제도 하에서는 신하들에게 토지와 작위를 부여하고, 신하는 다시 자신의 부하들에게 토지를 분배하는 방식으로 나라 살림을 꾸려 나갔다. 하지만 이런 식으로는 수많은 군사를 감당하는 데 필요한 재원을 충당할 수 없었다. 이에 나라의 재원을 충당하는 조세제도 역시 변화해 점차 관할 지역에 파견된 관리들이 직접 농민들을 상대로 곡물로 세금을 받고 군역에 충당했다. 이를테면, 기원전 548년 진나라의 강력한 라이벌이었던 초나라의 왕은 나라 전체의 토지를 조사해 이에 과세했고, 기원전 543년에서 539년 사이에는 정나라의 군주가 관개수로망을 건설하고 군사를 징집하기 위해 농민들을 5호 단위로 편성했다.

이렇듯 농업 생산력과 조세 수입의 증가로 중원의 국가들은 병사의 숫자를 늘릴 수 있었고, 그렇게 편성된 군대를 먹여 살릴 수 있었다. 이에 전국시대에는 병력이 전에 없이 늘어났고 군대는 청동기가 아닌 철제 무기와 개량된 검과 두꺼운 갑옷으로 무장했다. 이렇게 되자 전쟁의 양상은 일변하여 일단 전투가 벌어지면, 대량의 살육전이 벌어졌다. 이를 두고 『맹자』는 "성을 다투어 전쟁하니 죽은 사람이 성에 가득하고, 들을 다투어 전쟁하니 죽은 사람이 들에 가득했다"라고 적었다. 전쟁에 소요된 물자 또한 사람을 놀라게 하기 충분했으니, 『전국책』에 의하면 전쟁을 한 번 치르면 "10년간 토지에서 생산해도 보상할 수 없을 정도"의 병갑兵甲과 거마車馬가 없어졌다고 한다.

한편 춘추시대에는 군주와 귀족이 공통의 조상에 제사를 지내는 일종의 제정일치를 통치의 기반으로 삼고 있었다. 하지만 전국시대에 들어서면 강대국이 약소국을 병탄한 뒤 전통적인 방식대로 분봉하지 않고 그곳에 현縣을 두어 직접 통치하는 방식을 채택했다. 이렇듯 전쟁을 통해 정복한 도시국가를 하나의 현으로 삼고, 그 나라와는 혈연적으로 아무 관계가 없는 자국의 관료를 파견해 다스리는 제도가 만들어졌다. 확장된 영토와 인구에 대한 통치를 강화하기 위해 제후들이 지방관을 파견하는 방식으로 점차 중앙집권적 관료체제가 자리를 잡게 된 것이다.

　이렇게 변화한 사회경제 시스템에 걸맞은 행정 시스템과 이것을 운용할 유능한 인재들 역시 강대국이 되기에 필요한 하나의 필수 조건이었다. "영토국가가 출현한 이후의 국가경영은 징세 중심의 간단한 행정과는 이미 차원을 달리 했고, 군주 직할지의 확대는 행정사무의 복잡화와 전문화를 요구"했기에, "실제 행정 능력과 정치적 식견을 갖춘 유능한 인재가 대거 필요"했다.[33] 여기에 발맞추어 민간에서는 야심을 가진 인재들이 신뢰할 만한 주군을 찾아 서로 경쟁했다. 이런 경쟁에서 앞서 나갔던 것은 문화의 중심지라 할 중원이 아닌 변방 지역에 자리 잡고 있던 제후국들이었다. 그 선두가 제齊와 진晋, 초楚였다면, 진의 삼분 이후 접어든 전국시대에 들어선 뒤에는 당시 변방 중의 변방으로 여겨졌던 진秦이 그 길을 따라갔다.

　이들 여러 나라는 공통적으로 '변법變法'이라는 일종의 개혁책을 적극적으로 받아들였다. "변법이란 기존의 국가체제를 바꾼다는 의미로서 간단히 말하면 기존의 종법적 봉건제 형태의 읍제국가에서 군주가 전국을 지배하는 집권적 군현제 형태의 영토국가로의 변화를 추구하는 개혁"을 가리킨다.[34] 이런 의미에서 변법을 가장 먼저 시행했던 것은 삼진 가운데 하나인 위魏나라였다.

초대 제후인 위 문후(?기원전 396년)는 리쿠이李悝(이회)와 우치吳起(오기), 웨양樂羊(악양), 시먼바오西門豹(서문표) 등의 인재를 등용해 위를 전국시대 최초의 패권국으로 만들었다. 이 가운데 리쿠이는 위 문후의 정치개혁에서 중요한 역할을 했던 인물로 쿵쯔의 제자들 가운데서도 사회개혁 의욕이 가장 강했던 쯔샤子夏(자하)의 제자였기에 법률 개정, 곧 변법 운동의 선구가 될 수 있었다. 리쿠이의 『법경法經』은 그 내용이 도법盜法, 적법賊法, 수법囚法, 포법捕法, 잡법雜法, 구법具法 등 6편으로 구성되었는데, 이것은 중국 최초의 성문으로 된 형법 법전이라 할 만하다. 이 가운데 구법은 형법 총칙에 해당하며, 다른 5편과 긴밀하게 연결되어 있다. 이 『법경』을 바탕으로 후에 법가의 중요 인물 가운데 한 사람인 상양商鞅(상앙)이 3편을 보태 진秦나라의 법률을 완성했고, 이것을 한나라와 당나라가 이어받았다. 리쿠이가 법가의 선구였다면, 상양은 리쿠이의 성문법을 계승 발전시켜 변방의 별 볼일 없는 후진국에 불과했던 진秦나라가 전국을 통일하는 대국이 될 수 있는 기틀을 마련했던 실질적 계승자라 할 수 있다.

상양은 본래 중원의 소국이었던 위衛나라 종실의 자손으로 본명은 궁쑨양公孫鞅(공손앙)이었다. 뒤에 진秦에서 활동하다 공을 인정받아 상商[상, 오늘날 산시성陝西省 상현商縣(상현)] 땅에 봉해졌기에 상양이라 불렸다. 처음에는 위魏나라에서 벼슬을 했지만, 재능을 인정받지 못하다가

진秦의 효공孝公에 의해 발탁되었다. 위나라에 있는 동안 리쿠이의 변법에 대해 공부한 적이 있었기에, 진나라에 와서는 자신이 생각했던 개혁 방안을 실천에 옮겼다. 그는 법령이 실행되기 위해서는 사람들의 신뢰가 중요하다고 생각했다. 이에 먼저 그는 수도의 시장 남문에 길이 약 7미터의 나무를 세워 두고, 이를 북문으로 옮기는 자에게 상금으로 10금金(약 3.5킬로그램)을 준다는 방을 내걸

상앙

었다. 사람들은 그렇게 많은 상금을 준다는 말 자체를 믿지 못하여 아무도 나무를 옮기려 하지 않았다. 하지만 상앙은 상금을 오히려 50금으로 올렸다. 그러자 한 사람이 반신반의하면서 나무를 북문으로 옮기니 상앙은 즉석에서 그에게 상금을 주어 자신이 한 말이 공언이 아니라는 것을 사람들에게 확인시켰다.

효공의 신임을 뒤에 업고 상앙은 두 차례에 걸쳐 과단성 있는 개혁을 시행했다. 효공 3년(기원전 359년)에 시행된 1차 변법에서는 당시 씨족제를 유지시키고 있던 대가족제도를 폐지해 소가족으로 분해하고, 이를 바탕으로 다섯 가구를 일오一伍로, 다시 열 가구를 일십一什으로 묶

어 서로 감시하도록 하여 만약 한 가구가 법을 어겼을 경우 고발하지 않으면 열 가구가 연좌되도록 했다. 그리고 군공軍功을 장려하여 전투에서 베어 온 적의 목에 따라 작위를 주고 군공이 없는 귀족 영주의 특권은 폐지했다. 그리고 백성들의 상업 행위를 금지시키고 농업과 수공업을 권장해 생산력 증대에 힘썼다.

효공 12년(기원전 350년)의 2차 변법에서는 전국을 현으로 통합하고 관료에 의한 군현제를 확립해 예로부터 영주나 공동체에 점유되어 있던 미개지를 개방하고 농지의 사유권을 주어 개척하게 했다. 아울러 수도를 치산 기슭의 융雍[옹, 오늘날 산시성陝西省 평상현鳳翔縣(봉상현)]에서 셴양咸陽(함양)으로 옮겨 동방 진출의 발판을 마련했다. 진나라는 중원에서 볼 때 서쪽으로 치우진 변방에 있었기에 미개척지가 많았고, 이에 비해 인구는 드물었기에 상앙이 밀어붙인 정책이 적절하게 먹혀들어 큰 효과를 거두었다.

그러나 이와 같은 개혁안들이 모두 상앙의 머리에서 나온 것이라고 생각할 수는 없다. 아마도 상앙이 벼슬을 했던 위魏나 다른 제후국들에서 이미 시행하던 제도를 받아들인 것으로 추측된다. 상앙의 변법은 그 목적이 씨족제로부터 해방된 독립 소농민을 기반으로 해서 부국강병을 꾀하고 군주를 정점으로 하는 강력한 중앙집권체제를 공고히 하는 데 있었다. 따라서 농민을 억압하던 상인이나 기득권 세력인 종실이나 귀족들의 격렬한 반발 또한 만만치 않았다. 상앙의 후견인 역할을 하던 효공이 죽고 태자인 혜문왕惠文王이 즉위하자, 상앙은 변법에 불만을 품고 있던 구 지배계급의 손에 의해 수레에 사지를 묶어 찢어 죽이는 거열車裂형에 처해졌고, 일족이 모두 주살당하는 등 비참한 최후를 맞았다. 하지만 상양이 실시했던 변법만큼은 진의 정치 기본 노선으로 자리 잡아 뒤에 천하를 통일하는 큰 원동력이 되었다.

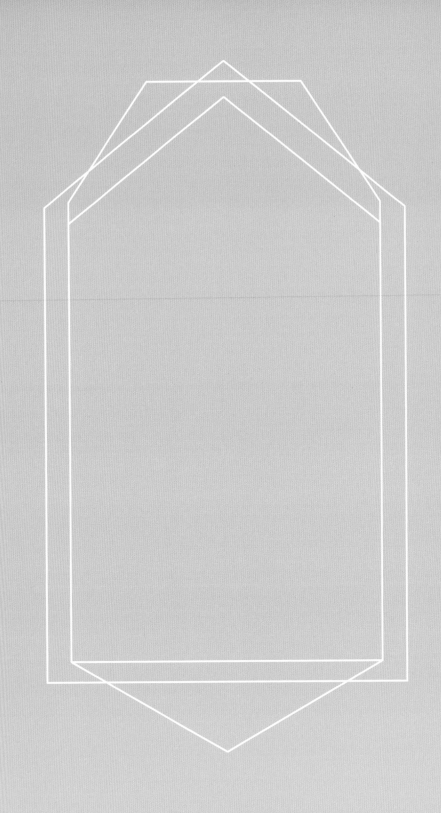

왕도인가 패도인가?

춘추시대에는 제후들이 그나마 '주 왕실을 존중하고 이민족을 물리친다'는 존왕양이의 생각을 갖고 있었으나, 전국시대에 접어들면 그 명분은 찾아 볼 길 없고, 오직 약육강식의 논리만 남았다. 제후들은 어떻게 하면 나라 살림을 충실하게 하고 군사력을 증강시킬까 하는 생각에 빠져 가문이나 신분의 상하를 불문하고 재능에 따라 인재를 등용하는 기풍이 확립되었다. 아울러 열국의 겸병에 의해 멸망한 국가의 귀족들은 다른 나라로 눈을 돌려 살길을 찾게 되니, 이들은 통치자가 나아갈 방향을 제시하고 서로의 생각을 논박하는 과정을 통해 웅변술을 익히고 논리학을 발전시켰다. 아울러 사회 전체로는 춘추시대라는 구체제의 몰락과 이에 따른 구질서 및 전통적 관념의 붕괴와 혼란이 야기되어 많은 사람이 극심한 충격과 절망에 빠지기도 했다.

그 와중에 일군의 보수적인 사상가들은 구질서 회복과 복구를 꾀하기도 하고, 또 다른 사상가들은 이를 통렬히 비판하고 반성 속에 새로운 개혁과 쇄신을 도모하였으니, 춘추전국시대는 중국 역사상 전무

후무한 학술과 사상이 만개한 시기라 할 수 있다. 실로 '제가백가諸子百家'가 등장해 '백가쟁명百家爭鳴'하던 시기였던 것이다. 공교로운 것은 비슷한 시기에 세계 각 지역에서도 이와 유사한 상황이 벌어졌다는 사실이다. 고대 그리스의 소크라테스(기원전 469~399년)나 석가모니(기원전 563?~483?년) 등도 바로 이때 활약했으니, 아마도 이 시기는 인류 역사상 인간의 자유로운 정신활동이 최초이자, 최고조로 발휘되었다고 할 수 있을 것이다. 아무튼 이 시기 중국에서는 쿵쯔를 대표로 하는 유가뿐 아니라 도가나 묵가, 농가, 심지어 잡가 등 가지각색의 생각을 가진 이들이 나와 서로 자신의 주장을 펼쳐 나갔다.

그러한 백가쟁명의 선두에 선 이가 잘 알려진 쿵쯔(기원전 551~479년)이다. 쿵쯔는 자신의 선구자 격인 쯔찬子産(자산, 기원전 554~552년)으로부터 합리적인 인도주의 사상을 물려받았으나, 쯔찬이 입안한 성문법을 바탕으로 법치를 해야 한다는 주장에 대해서는 반대 입장을 취했다. 그는 신비주의를 배척하고 춘추시대 본연의 읍제국가의 제정일치에 의한 귀족정치의 형식을 보존하면서도 실질적으로는 그 문화의 전통을 계승한 신흥의 사士 계급에게 정치를 담당케 하고자 했다. 실제로 그는 이러한 사 계급을 양성해 유교적인 교양을 받은 관료제에 의한 문치文治적 봉건국가를 세우려 했다. 쿵쯔에게서 이러한 교육을 받은 제자들은 여러 나라로 흩어져 새로운 집권국가를 운영하는 관료로 채용되었다. 이들은 춘추전국시대의 혼란한 사회상을 직접 목도하고 겪은 터라 무력과 권력을 배제한 도덕과 예를 바탕으로 한 도덕 정치, 곧 '덕치德治'를 주장했다. 그들이 주장하는 이상적인 정치제도는 도덕적 봉건 계

쿵쯔 강학도孔子講學圖

급 사회를 전제로 한 것이었는데, 이런 정치제도 하에서는 사회관계가 혈연관계나 무력과 권력에 의해 결정되지 않고 덕의 유무와 우열에 의해 결정되는 것이 특징적이다.

이러한 덕치사상을 구체화한 이는 쿵쯔의 재전제자再傳弟子인 멍쯔였다. 그는 자신에게 부국강병책을 묻는 양혜왕梁惠王에게 "왕께서는 어찌 '이익'을 말씀하십니까? 오직 인의만이 있을 뿐"이라고 대답하면서, "왕께서 '어떻게 하면 내 나라를 이롭게 할 수 있을까' 하시면, 대부들은 '어떻게 하면 내 집안을 이롭게 할까'라고 합니다. 위와 아래가 서로 이익을 다투면 나라는 위태로워진다"고 설파했다. 바로 이 대화가 멍쯔의 사상을 한마디로 요약해 보여주는 것이라 할 수 있는데, 쿵쯔가 말한 '인仁'에 '의義'를 더해 자신의 '왕도王道' 정치를 완성한 것이다. 그는 빈틈없는 구성과 논리 그리고 박진감 넘치는 논변으로 자신의 주장을 펼쳐 보였다.

멍쯔의 주장은 인간의 본성이 본질적으로 선하다는 것을 전제로 인간에 대한 적극적인 신뢰를 주장한 '성선설性善說'과 민의民意에 의한 폭군의 교체를 합리화한 '혁명론革命論'을 중심 기둥으로 삼고 있다. 이에 따르면 "한 사람이 자신의 몸을 닦아 타고난 착한 본성을 발현하면, 그의 집안이 안정되고, 나아가 나라가 잘 다스려지고 천하가 편안해지게 된다修身齊家治國平天下". 곧 그가 말하는 왕도 정치란 한 사람이 도덕적으로 완성되면 그것이 주위 사람들을 교화해 선정善政으로 나타나는 것이다. 여기서 한 걸음 더 나아가 모든 백성이 안정된 생활과 풍부한 교양을 지니고 도덕적 질서를 지켜 나간다면 왕도 정치가 실현될 수 있다. 당연한 말이지만 사실 이것은 이상적인 생각에 불과하고 인간의 본성을 지나치게 긍정적이고 낙관적으로 파악했다는 단점이 있다. 그렇기 때문에 쿵쯔와 멍쯔를 비롯한 유가의 주장은 당시의 위정자들로부터 받아들여지지 않았다.

쿵쯔는 기원전 479년 몇몇 제자들에 둘러싸여 뜻을 이루지 못한 채 사망했다. 쿵쯔 사후에도 유가는 아직 하나의 학파를 이루지 못했고, 그의 어록이라 할 수 있는『논어』역시 제자들의 손에 의해 만들어지는 중이었다. 기원전 2세기 무렵 한漢나라에 의해 그의 사상이 국가 이념으로 채택되기 이전까지는 수많은 수정이 이루어졌고, 일련의 복잡한 사건들이 발생하였다. 그러니 당시만 하더라도 쿵쯔를 시조로 하는 유가의 사상이 이후 중국 역사에 그토록 엄청난 영향을 미칠 것으로 예상한 사람은 아무도 없었다. 하지만 유가의 왕도 사상이 역대 왕조에 의해 국가의 통치 이데올로기로 받아들여졌다 해도, 현실에서는 항상 명목상 추구해야 할 이념으로만 남아 있을 뿐 제대로 실현된 적은 없었다.

오히려 춘추전국시대 당시나 그 이후에 현실 정치에서 가장 큰 힘을 발휘했던 것은 법가法家의 법치法治였다. 법가의 출발점은 쉰쯔荀子(순자)의 '성악설'에 바탕을 둔 인간성에 대한 극단적인 불신이었다. 쉰쯔는 사람은 태어나면서부터 물욕을 갖고 있어 그것이 만족되지 않으면 서로 싸우고 사회질서가 문란해지므로 그것을 막기 위해 예라는 것이 만들어졌다고 보았다. 곧 인간이 갖고 있는 여러 성품 가운데 '선善한 것'은 선천적이 아니라 후천적인 학습에 의해 얻어진다고 본 것으로, 멍쯔의 '성선설'과 명확하게 대치되는 주장을 펼쳐 보였다. 이러한 쉰쯔의 생각을 이어받아 법가의 사상을 집대성한 이가 한페이쯔韓非子(한비자)였다. 쉰쯔의 '성악설'을 이어받은 한페이쯔는 자신의 생각을 정리한 저서에서 통치자의 입장에 서서 현실을 분석했다. 그에 따르면, 통치라는 것은 결국 부국강병을 달성하는 데 그 목적이 있고, 그러기 위해서는 통치자가 강력한 권력을 갖고 관료들을 통제하는 중앙집권 국가를 건설할 필요가 있었다. 이것을 위해 한페이쯔가 내세운 것은 '법法'과 '술術', '세勢' 이 세 가지 요소였다.

이 가운데 법은 그보다 앞서 상양이 특히 강조했던 것인데, 이것은 인간사에서 일어나는 여러 가지 상황에 대한 잣대를 문서화한 '성문법'을 가리킨다. 하지만 요즘 식으로 만민 평등의 원칙에 따라 누구에게나 공평하게 적용되는 것이 아니라 철저하게 군주가 자신과 국가를 위해 만든 법을 신하와 백성들이 따르게 하는 대단히 편의적인 개념이었다. 아울러 군주와 신하의 관계 역시 인의와 같은 명분을 앞세운 도덕적 관계라기보다는 권력과 지위에 따른 일종의 계약적 관계라 할 수 있다. 그런 차원에서 법은 바로 통치자의 의도를 신하와 백성이 엄중하게 이행하도록 하는 중요한 장치로 기능했다.

하지만 군주가 법만으로는 신하와 백성을 완벽하게 통제할 수 없었다. 그래서 나온 것이 '술'이라는 개념이다. '술'은 군주가 신하들을 이끌어가는 방식을 말하는데, 한마디로 조직 관리의 핵심인 인사 관리라고 말할 수 있다. 이에 따르면 군주는 사람의 능력에 따라 관직을 배분하고 그 관직에 따라 책임을 묻고 합당한 상과 벌을 내릴 수 있어야 한다.

옛날 한나라 소후昭侯가 술에 취해 누워 있었다. 그때 관冠을 관리하는 전관典冠이 군주가 잠든 것은 보고 추위 감기라도 들까 염려하여 옥체 위에 옷을 덮어 주었다. 소후는 잠에서 깨어나자 대단히 기뻐하며 좌우 신하들에게 누가 옷을 덮어 주었느냐고 물었다. 이에 신하들이 전관이 덮어 주었다고 대답했다. 그러자 소후는 군주의 옷에 대한 일을 맡고 있는 전의典衣와 전관 두 사람 모두를 벌했다. 전의를 처벌한 것을 군주가 낮잠을 자고 있다면 옷을 맡고 있는 내관으로서 덮어 줌이 마땅한데도 방심하여 다른 사람의 손을 빌렸으므로 결국 직무를 태만히 한 것이고, 전관을 벌한 것은 직무 이외의 일에 관여했기 때문이다.

- 『한비자』 「이병二柄」

마지막으로 '세'는 군주가 백성과 신하를 굴복시키는 힘으로, 군주가 신하를 관리하고 주도권을 잡는 방법론을 말한다. 곧 나라를 다스리려면 어느 정도의 권세가 있어야 사람들이 이를 따르게 된다는 것이다. 결국 군주가 나라를 다스리는 데에는 인격이나 지혜보다는 세가 좀 더 관건적인 요소가 된다. 이에 따르면 아무리 현명한 사람이라도 권세가 없으면 아무도 그를 따르지 않을 것이고, 말의 힘 역시 사람의 지위와 권세에 따라 달라진다. 군주는 그 자체로 세가 있기는 하지만 한페이쯔는 한 걸음 더 나아가 군주 자신이 지혜와 지식, 논리력 등 주체적인 역량을 갖추고 있어야 세를 누릴 수 있다고 했다.

한페이쯔는 이 세 가지 요소가 모두 갖춰져 있어야 제대로 된 통치가 가능하다고 보았다. 곧 군주에게 술이 없으면 위로부터 문제가 발생하고, 신하에게 법이 없으면 아래로부터 혼란이 발생한다는 것이다. 그렇기 때문에 한페이쯔는 모든 권력을 군주에게 집중시키되 군주는 세에 의거하고, 술을 이용해 관리들을 통솔하며, 법을 통해 백성들을 통치해야 한다고 주장했다. 이것을 법치라 한다면, 이러한 법치에 기대어 나라를 다스리는 것을 '패도覇道' 정치라 한다. 중국 역사를 돌아보면 어느 왕조나 백성들의 뜻을 중시하고, 제왕이 된 자의 덕망에 천하가 교화되어 태평성대가 이루어지는 '왕도' 정치를 표방한다. 하지만 실제로는 권모술수와 잔혹한 형벌에 기대어 어리석은 군주의 실정을 호도해 나가는 '패도' 정치가 시행되었다. 결국 '왕도' 정치와 '패도' 정치는 이후 펼쳐지는 역사의 무대에서 끊임없이 제기되고 갈마드는 영원한 딜레마에 지나지 않는다.

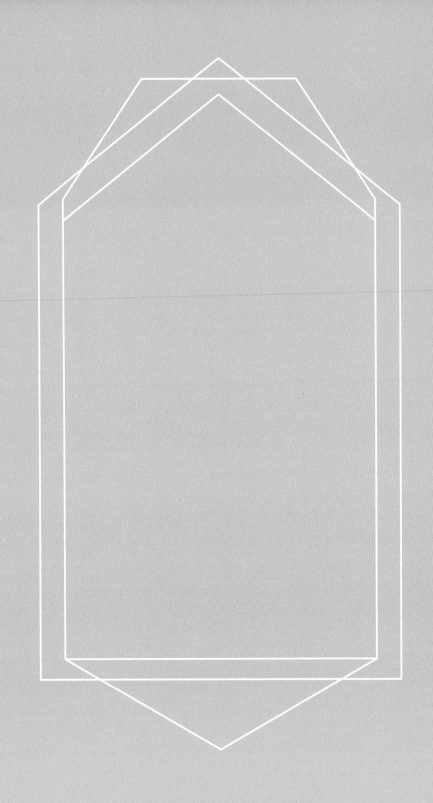

합종과 연횡
그리고 최후의 일전

변방에 있어 중원의 여러 국가로부터 항상 이적夷狄에 가까운 경멸적인 시선을 받던 진秦은 상앙의 변법 등에 힘입어 강대국으로 성장했다. 국세가 상승한 진은 눈길을 중원으로 돌렸다. 가장 먼저 진의 공격을 받은 나라는 위魏였다. 기원전 333년부터 시작된 진의 거듭된 공격으로 위는 허시의 모든 영토를 잃었다. 이에 자신감을 얻은 진은 기원전 324년 혜문왕惠文王이 왕을 칭했다. 혜문왕은 태자 때의 일로 상앙에게 앙심을 품고 자신이 군주가 된 뒤 그를 거열형에 처해 죽였으나, 그가 시행한 변법만은 그대로 시행하여 진을 강대국으로 만들고 중원 지역으로의 진출을 적극적으로 도모하였다. 이렇게 되자 나머지 육국은 모두 진의 위협으로부터 안전하지 않은 상태에 놓이게 되었다. 그들 사이에는 서로 싸우다가는 도저히 진에 대항할 수 없다는 현실 인식이 팽배하게 되었다. 이러한 국제 정세에 발맞추어 나라 사이의 외교 전술을 구사하는 유세객들이 등장하게 되는데, 이들을 종횡가縱橫家라 부른다. 그 가운데 유명한 이가 바로 쑤친蘇秦(소진)과 장이張儀(장의)다.

『사기』에 따르면, 쑤친은 뤄양에서 태어났는데, 동쪽 제나라로 가서 스승을 구해 귀곡선생鬼谷先生에게 배웠다고 한다. 집을 나가 몇 년 동안을 떠돌아다니다가 몹시 곤궁해져 돌아오니, 형제 가족들의 냉대와 조소만 있을 뿐이었다. 이에 분발하여 드디어 군주를 설득하는 유세술을 터득해, 그 뒤 주의 현왕顯王을 유세했으나 평소 쑤친을 잘 알고 있던 좌우의 신하들이 그를 과소평가해 믿지 않았다. 그는 서쪽 진秦나라로 갔다. 그러나 혜문왕은 마침 상앙을 죽인 뒤라 유세객들을 미워하여 그를 등용하지 않았다. 이에 조趙를 거쳐 가장 변방에 있는 연燕의 문후文侯를 설득한 뒤, 다시 한韓과 위魏, 제齊, 초楚를 차례로 돌며 군주들을 설득해 마침내 육국을 종으로 묶어 진에 대항하는 합종책合縱策을 완성했다. 아울러 자신은 이러한 합종연합의 장이 되었을 뿐만 아니라 육국의 재상을 겸하였다. 그러나 기실 합종책의 영향은 그리 크지 않았다.

육국의 합종책에 대항해 나온 것이 연횡책連橫策 또는 연형책連衡策이다. 이것을 주장한 이는 장이張儀(장의)인데, 그 역시 젊어서는 이곳저곳을 떠돌며 자신을 써 줄 곳을 찾아다녔다. 그러다 기원전 328년에 진秦의 혜문왕에게 발탁되어 재상이 되자 진을 제외한 나머지 육국을 설득해 진과 동맹을 맺는 연횡책을 제시하고 실행에 옮겼다. 장이는 먼저 위魏 왕을 설득해 합종책의 한 귀퉁이를 허물고, 다시 뛰어난 외교 전술로 초楚를 농락해 연맹에서 이탈시켰으며, 이어 한과 제, 조, 연을 설득해 마침내 연횡책을 완성했다. 이들 쑤친과 장이에 대한 이야기는 후세에 많은 사람에 의해 회자되면서 일종의 전설이 되었다. 그

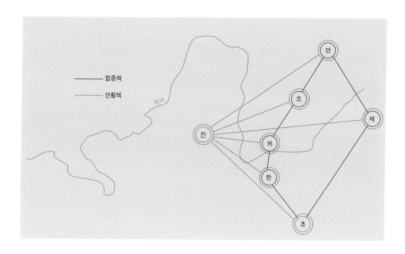

합종과 연횡

래서 이 두 사람의 행적에는 과장이 많고 사실과 일치하지 않는 내용도 더러 있다. 가장 문제가 되는 것이 장이의 연횡책에 앞서 합종책을 제안했다는 쑤친이 사실은 장이보다 늦게 역사의 무대에 등장했다는 것이다. 결국 전국시대라는 역사적 전환기에 활약했던 이 두 사람에 대한 사람들의 관심이 이러저러한 이야기들을 만들어 낸 것으로 보아야 할 것이다.

장이의 연횡책에 이어 기원전 266년 진의 소양왕昭襄王은 판쑤이范睢(범수)를 등용해 재상으로 삼고 먼 곳의 국가와는 외교 관계를 맺고 가까운 나라는 공격하는 '원교근공遠交近攻'의 계책을 채택하였다. 이에 따라 진나라와 인접한 한韓과 위魏는 적극 공략하고, 멀리 있는 조趙, 초楚와는 친목을 도모해 한과 위를 고립시켰다. 하지만 전국시대 말기 열국의 다툼을 매조지하는 결정적인 사건은 창핑에서 벌어진 진과 조의 일전이었다.

조나라는 무령왕武靈王 때에 이르러 일찍이 승마에 적합한 호인胡人의 의복을 착용하고 말 위에서 싸우는 이른바 '호복기사胡服騎射'의 전술을 받아들여 점차 세력을 키워 나갔다. 무령왕은 왕위를 아들인 혜문왕惠文王에게 물려 준 뒤에도 호복을 입고 친히 서북의 오랑캐 땅을 침략하여, 당시 열국 가운데에는 제나라를 제외하고 가장 국력이 강력했다. 여기에 현상賢相인 린샹루藺相如(인상여)와 명장 롄포廉頗(염파)의 도움으로 진과의 싸움에서도 전혀 밀리지 않았다. 기원전 260년 4월 진나라는 대군을 이끌고 조를 공격해 조나라 군사와 창핑[지금의 산시성山西省 진청晉城(진성) 가오핑시高平市(고평시)]에서 대치하였다.

개전 초에는 조나라의 백전노장 롄포의 제자리를 지키며 나가 싸우지 않는 지구전 전략에 말려 진나라가 고전을 면치 못했다.

소양왕 47년 진나라는 좌서장 왕허王齕(왕흘)를 시켜 한나라를 공격하여 상당上黨(상당)을 빼앗았다. 이에 상당의 백성들은 조나라로 도망쳤다. 그때 조나라 군대는 창핑에 주둔한 채 상당의 백성을 원조하였다. 그해 4월 왕허는 이 일을 구실로 조나라를 공격하였다. 조나라는 롄포를 장군으로 삼았다. …이에 롄포는 성벽을 굳게 지키고서 진나라 군과 대치하였다. 진나라 군대는 여러 번 전투를 도발하여 유인하였으나 조나라 군사는 성 밖으로 나가지 않았다.

- 『사기』「바이치·왕졘白起·王剪(백기·왕전)열전」

하지만 조나라 왕은 롄포의 이러한 전략을 마뜩치 않게 여겨 여러 번 롄포를 꾸짖었고, 그러한 정황을 알게 된 진은 반간계反間計를 써서 다음과 같은 요언을 조나라에 퍼뜨렸다.

"진나라가 미워하고 유독 두려워하는 바는 마복군馬服君[조의 명장인 자오서趙奢(조사)]의 아들인 자오퀴趙括(조괄)가 장수가 되는 것뿐이다. 롄포는 상대하기가 쉽고 곧 항복할 것이다."

- 『사기』「바이치·왕졘열전」

마복군 자오서는 일찍이 진을 패퇴시킨 바 있는 조나라의 명장이었다. 하지만 그의 아들 자오쿼는 한낱 군사이론가로 실제 전투 경험을 없는 인물이었다. 조나라 왕은 "롄포가 거느린 군대가 너무 많은 것을 잃었고, 군대가 자주 패하였는데도 도리어 성벽을 견고히 지킬 뿐 용감히 싸우지 않는다"고 노하여 있던 터라 진의 반간계에 넘어가 롄포를 해임하고 자오쿼로 대신하였다. 자오쿼는 롄포가 세운 지구전 전략을 대폭 수정해 정반대의 전술을 취해 진나라로의 진공을 준비했다.

진은 자오쿼가 장수가 되었다는 소문을 듣고 은밀하게 바이치白起(백기)를 상장군으로 삼고, 왕허를 위비장尉裨將으로 삼았다. 자오쿼는 전장에 이르자 곧바로 진나라 군사를 공격했다. 진나라 군대는 짐짓 패주하는 척 하면서 복병을 매복시켜 조나라 군을 기습할 준비를 했다. 조나라 군대가 진나라의 성벽까지 쳐들어갔으나 진나라 군대는 성에서 나오지 않고 항거했다. 그러고는 미리 준비해 두었던 복병 2만 5천 명이 조나라 군대의 배후를 차단하니 조나라 군대는 둘로 분리되어 군량을 공급할 길이 막혔다. 이때 진나라는 경장병輕裝兵을 출동시켜 조나라 군대를 공격했다. 조나라 군대는 전황이 불리해지자 성벽을 굳게 쌓고 견고하게 수비하는 한편 구원군이 오기를 기다렸다.

진나라는 전력을 기울여 조나라의 군량 보급로와 구원군을 차단하니 9월이 되자 조나라 군사들이 음식을 먹지 못한 지 46일이 되어 성내에서는 차마 눈뜨고 볼 수 없는 참상이 벌어졌다. 결국 조나라는 포위에서 벗어나기 위해 부대를 4개로 나누어 진나라 군대를 공격했으나 모두 실패했다. 그 와중에 자오쿼가 정예병을 이끌고 육박전을 벌이다 전사하니 갈 바 없는 조나라의 40만 군사는 전군이 항복하였다.

이를 두고 진의 장수 바이치는 다음과 같이 생각했다.

'이전에 진나라가 상당을 함락시키자 상당의 백성들이 진나라의 백성이
되기를 즐거하지 않고 조나라로 귀속하였다. 조나라 병졸은 이랬다저
랬다 하기를 잘하니 모두 죽이지 않으면 난을 일으킬 것이 걱정된다.'

- 『사기』「바이치·왕젠열전」

이에 바이치는 속임수를 써 갱도를 파고 조의 40만 군사를 생매장
해 몰살시켜 버렸다. 쓰마첸은 『사기』「진본기」에서 저간의 사정을 다
음과 같이 간단하게 기록했다.

소양왕 47년, 진나라가 한나라의 상당을 공격하자 상당이 조나라에 투
항했다. 이 때문에 진나라는 조나라를 공격했다. 조나라가 군대를 내서
진나라를 공격하니 서로 대치했다. 진나라는 무안군 백기를 보내 공격
하여 창핑에서 조나라를 대파했다. 40만여 명을 모두 죽였다.[35]

'창핑대전'은 전국시대에 벌어졌던 수많은 전투 가운데 가장 규모
가 클 뿐만 아니라 가장 많은 희생자가 나온 전투라 할 수 있다. 이로
인해 조나라는 회복할 수 없는 치명적인 타격을 입게 되고, 그나마 진
에 대항할 수 있는 힘을 가졌던 조나라가 허망하게 무너지자 나머지
육국의 운명 역시 풍전등화의 신세가 되어 버렸다. 결국 전국시대 열
국들의 치열한 쟁패는 이 창핑의 전투로 결정이 난 것이라 할 수 있다.

이제 남은 것은 진이 나머지 육국을 하나씩 멸망시키고 천하를 통일하는 것뿐이었으니, 동주東周의 평왕平王으로부터 23대 514년간 이어오던 주 왕실 역시 기원전 256년 진의 침략으로 역사의 무대에서 사라졌다.

『삼국지』의

삼대 전투

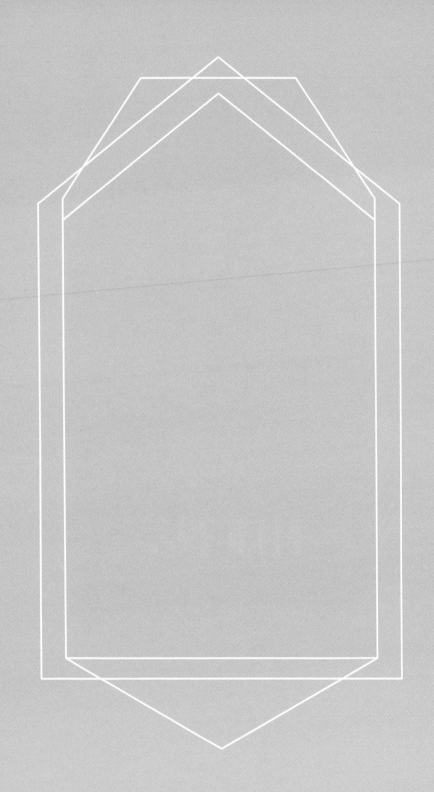

천하는 다시 혼란 속으로

중국 역사에서 한漢 왕조는 매우 중요한 위치를 점하고 있다. 시황제가 천하를 통일한 뒤 급격하게 무너진 진을 대신해 역사의 전면에 등장한 한나라는 비록 중간에 왕망王莽(왕망)에 의해 잠시 명맥이 끊어지긴 했지만, 전한前漢 207년과 후한後漢 195년을 모두 합한 402년에 걸쳐 진시황의 통일 이후 최장기간 명맥을 이어 온 왕조였다. 비교적 장기간 존속했던 왕조로 289년 역사의 당과 295년의 청 그리고 276년의 명 정도를 꼽을 수 있는데, 이들 왕조는 모두 300년을 넘기지 못했다.

중국 역사에 등장했던 수많은 왕조 가운데 국력으로 볼 때 제국이라는 명칭에 어울리는 것은 당과 청 그리고 중국을 넘어 세계로 제국을 확장했던 원元을 들 수 있는데, 그 시초가 한이라 할 수 있다. 또한 한나라가 이렇듯 강한 국력과 오랜 역사를 가질 수 있었던 것은 바로 이전 왕조인 진秦의 시황제가 닦아 놓은 기반이 있었기 때문이라 할 수 있다. 그래서 역사가들은 이 두 왕조를 묶어 '진한秦漢' 시기라 부르기도 한다. 이것은 수隋와 당, 명과 청의 경우도 마찬가지여서, 대개 '수당

隋唐' 시기와 '명청明淸' 시기라 통칭한다.

과연 이 왕조들은 중국 역사에서 명멸했던 수많은 왕조 가운데 가장 빛나는 황금기를 장식했던 시기라 할 수 있다. 그중에서도 한은 최초의 제국으로서 이후 2천 년에 걸쳐 펼쳐질 역사의 근간을 이룬다는 의미에서 중국인들에게는 모태와도 같은 존재라 할 수 있다. 그래서 한은 단지 하나의 왕조의 이름일 뿐만 아니라 중국을 대표하는 접두어로도 많이 쓰인다. 중국인들이 사용하는 언어는 '한어漢語'이고, 그들이 쓰는 문자는 '한자漢字'이며, 문장은 '한문漢文' 그리고 중국 인구의 대다수를 구성하는 민족은 '한족漢族'이고 중국학은 '한학漢學'이라고 한다. 한마디로 한 왕조는 여느 왕조와는 다른 존재감을 뽐내고 있는 것이다.

한편 한대에 들어서서 황제를 정점으로 한 전제주의적 중앙집권 국가체제가 완성되었다. 이것은 전국시대 이래로 각 제후국에서 시행되다가 진시황이 확립한 것으로 이후 마지막 왕조인 청이 망할 때까지 2천 년이 넘는 기간 동안 유지되었다. 그뿐 아니라 한 무제 때는 유가 사상이 전제주의적 중앙집권 국가체제를 뒷받침하는 통치 이데올로기로서 국교화 되어 중국뿐 아니라 한자 문화권을 받아들였던 주변 국가들에까지 큰 영향을 주었다. 무제 이후 국가의 통치 이데올로기가 된 유가 사상은 이후 2천 년 동안 유지되어 온 중국 왕조 국가의 성격을 결정하게 된다. 이를테면, 서양이나 일본의 중세 봉건제 국가에서는 정치가 기사나 무사(사무라이)와 같은 전문 군인 손에 맡겨졌던 데 반해, 중국에서는 정치가 기본적으로 유가적 교양을 받은 문인의 손에 의해 좌지우지되는 문관 우위의 전통이 세워졌던 것이다. 이렇게 확립된 전통은 이후 동아시아 문화권의 한 특징을 이루는 '유교문화권儒敎文化圈'의 기반이 되기도 했다.

하지만 한 왕조 역시 말기에 이르면 여러 가지 사회적인 병폐가 나타나 나라의 근간이 흔들리게 되는데, 그중 가장 심각했던 것이 환관세력의 발호다. 이런 환관의 득세는 외척의 전횡과 맞물려 돌아갔다. 왕망의 신나라를 멸하고 다시 세워진 후한 정권의 모태가 되었던 호족세력은 토지 문제에 대한 조정의 무대책을 틈타 토지를 겸병하여 세력을 확장했다. 이들은 이러한 경제적 기반을 바탕으로 당시로서는 출세의 지름길이었던 유학적 교양을 몸에 익혀 군현의 속관이 되거나 효렴등의 선거 제도를 이용해 중앙의 관계로 진출했다. 이 과정에서 지연이나 혈연 등을 통해 호족들끼리 끈끈한 유대 관계를 맺어 권력을 나누어 가졌다.

이들 호족들 가운데 세력이 컸던 이는 자신의 딸을 황후로 들어앉힘으로써 국정을 오로지하는 지경에 이르렀으니, 이른바 외척이 출현하게 된 것이다. 여기에 나라가 안정이 되면 황제 역시 안일해져 구중궁궐 안에 깊숙이 파묻혀 바깥출입을 거의 하지 않고 호의호식하며 많은 후궁을 거느리다 신체가 허약해져 일찍 죽는 경우가 많아졌다. 황제가 일찍 죽으면 그 뒤를 어린 나이의 태자가 잇게 되고 그 어미인 황태후가 섭정을 하게 되니 이로써 그 실권이 외가로 넘어가게 된다. 하지만 황제가 성장하면 이에 불만을 갖고 측근인 환관의 손을 빌어 외척을 몰아냈다. 중국의 역대 왕조는 이러한 악순환이 끝없이 이어진 역사라 해도 과언이 아니다.

후한 말이 되면 외척과 환관의 전횡에 대해 비판적인 태도를 취하는 지방의 호족과 사인士人들이 등장해 환관 세력과 결탁한 일부 관료와 호족을 '탁류'라 부르고 자신들은 '청류'라 구분해 서로 대립했다. 그리고 이들 청류를 옹호한 것은 전한의 무제 때 '박사제자'라는 명칭으로 시작한 태학생들이었다. 처음에 50여 명으로 시작한 태학생의 숫자는 후한 질제質帝 때는 3만 명이 넘었다고 한다. 이들은 태위太尉 천판陳蕃(진번)과 사예교위司隸校尉 리잉李膺(이응)을 존경했고, 환관 세력에 반대했던 외척 더우우竇武(두무) 역시 이들 편이었다. 연희 9년(166년) 리잉은 환관과 밀접한 관계를 맺고 있던 술사인 장청張成(장성)을 죽였다. 이에 환관들은 환제桓帝를 종용해 리잉과 그의 지지자 200여 명이 불순한 의도로 '당黨'을 만들어 조정에 반항하였다는 명목으로 체포해 투옥했다. 하지만 막상 체포하고 나자 환관들은 이들이 황제 앞에서 굽히지 않고 자신들의 잘못을 낱낱이 파헤칠 것을 두려워했다. 이에 외척인 더우우가 이들이 잘못이 없다는 상주를 올린 것을 빌미로 이들을 방면하되 향리에서 죽을 때까지 나오지 못하도록 하였다. 이것이 이른바 '제1차 당고黨錮의 화禍'이다.

환제가 죽고 12살의 어린 나이인 영제靈帝가 즉위하자 더우태후竇太后(두태후)의 섭정인 더우우는 당인黨人들의 금고를 풀고 환관들을 죽인 뒤 외척의 세력을 회복하려 했다. 하지만 사전에 기밀이 누설되어 도리어 환관들의 반격으로 더우우와 천판 등이 살해되었다. 환관들은 이에 그치지 않고 이 기회에 청류의 씨를 말리기 위해 '제2차 당고의 화'를 일으켰다. 이때 사형에 처해진 이가 100여 명, 금고는 600에서 700명에 이르렀고, 다시 1천여 명의 태학생이 체포되었다. 이들 청류의 정치 주장이 모두 순수한 것만은 아니었다 해도, 이러한 '당고의 화'는 진시황의 분서갱유 이래 제2의 사상 탄압이라 할 수 있었다.

무제와 광무제 이래 유학을 나라의 통치 이데올로기로 삼았던 한나라 왕조가 저지른 이 일은 자신의 존립 근거를 허무는 것이라 할 수 있다. 싸움에서 승리한 환관 세력은 온갖 영화를 다하며 무소불위의 권력을 휘둘렀으며, 잇따른 정쟁으로 인해 피폐해질 대로 피폐해진 백성들의 고단한 삶은 한 나라의 존립을 뒤흔드는 심각한 위협이 되어 천하는 또다시 혼란에 빠지게 되었다.

황건적의 반란

그러나 백성들의 입장에서 더 절실하게 와닿는 것은 황제의 외척과 환관의 전횡이 아니었다. 지방의 호족과 환관, 외척 등으로 구성된 새로운 지배계층은 온갖 방법을 동원해 농민들의 토지를 겸병하고 여러 명목으로 수탈했다. 여기에 대규모 재해까지 겹치니 농민들은 서서히 몰락해 귀족과 지주에게 노동력만 제공하는 하호下戶로 전락하거나 유랑민이 되었다가 궁극에는 도적떼가 되었다. 여기에 한족 관리들로부터 멸시와 착취를 당하던 강족羌族과 흉노, 선비 등이 대대적인 반란을 일으키자 조정은 이에 대한 군비 부담을 모두 농민들에게 지웠다. 그야말로 "관리들의 핍박에 백성들이 반란을 일으키고官逼民反", 그런 의미에서 "반란의 빌미가 위에서부터 주어지며亂自上作", 그 결과 어쩔 수 없이 "핍박받아 도적이 될 수밖에 없는逼上梁山" 상황이 벌어져 결국 나라가 망하고 새로운 세력이 그것을 대신하게 되는 지경에 이르렀다.

이 같은 상황에서 쥐루鉅鹿[거록, 오늘날 허베이성 핑샹현平鄕縣(평향현)] 사람 장줴張角(장각)가 부적과 신령한 물로 백성들의 질병을 치료하고 구제해 사람들의 마음을 사로잡았다. 장줴는 스스로 '대현량사大賢良師'라 칭하며, 10여 년 만에 거의 전국에 걸쳐 수십만 명의 신도를 모았다. 그는 1만 명을 하나의 '방方'으로 삼아 전국을 36방으로 조직한 뒤, '갑자 대길甲子大吉'의 해가 되는 184년에 머리에 '황건黃巾'을 두르고 일제히 봉기했다. 장줴 자신은 천공장군天公將軍, 동생인 장바오張寶(장보)는 지공장군, 장량張梁(장량)은 인공장군이 되어 각 지역 군현의 관청과 마을을 약탈하며 천하를 혼란에 빠뜨렸다.

이에 영제靈帝는 영을 내려 반란군을 진압하게 했으나, 황건의 무리는 쉽게 진압되지 않았다. 무엇보다 무지한 환관들 중에도 장줴가 내세운 '태평도太平道'에 빠진 이가 적지 않아서 조정 안에서 내응하고 나아가 지방의 군국郡國의 환관들에게 지령을 내려 도피하게 하였으니, 오히려 영제가 고립무원의 처지에 빠지게 되었다. 견디다 못한 영제는 사족들의 힘에 의지하려 당인의 금고禁錮를 풀고 그들에게 의용군을 조직해 황건적에 대항하도록 했다. 그 결과 지방 관리의 권한은 확대되었고, 호족들이 군비를 갖출 수 있게 되었다. 이렇게 권한과 세력이 확대된 호족과 지방 관리는 나중에 일종의 지방 군벌로 성장해 천하의 대세를 놓고 각축을 벌이는 군웅할거의 시대를 열게 된다.

한편 황건적은 그 우두머리인 장줴가 병사하고 그의 동생인 장량이 그를 대신하였다. 이때 허베이 출신 당인인 황푸쑹皇甫嵩(황보숭)이 황건적의 본거지를 습격하자 장량은 병영에서 살해되었고, 뒤이어 장바오 역시 전사하였다. 한나라 군사는 장줴를 부관참시하고 10여만 명의 목을 잘라 뤄양으로 개선하였다. 이로써 황건적의 주력은 진압되었으나 지방에 남아 있던 황건군이나 이에 호응해 일어난 지역의 농민군은 산속으로 숨어들어 여전히 건재했다. 이런 와중에 189년 영제가 죽고 류볜劉弁(유변)이 소제少帝로 즉위하니, 그 외척인 허진何進(하진)이 실권을 장악했다. 허진은 환관 세력을 제거하기 위해 위안사오袁紹(원소)와 결탁하고, 이와 동시에 빙저우목幷州牧(병주목) 둥줘董卓(동탁)를 은밀히 수도인 뤄양에 들어오게 했다.

하지만 사전에 이를 눈치챈 환관들이 허진을 죽이자, 위안사오는 군사를 이끌고 궁궐로 들어가 환관들을 모조리 죽였다. 뒤늦게 뤄양에 들어간 둥줘는 허진과 집금오執金吾 딩위안丁原(정원)의 군대를 병합해 자신의 세력으로 만들고 조정을 총괄했다. 여기서 그치지 않고 둥줘는 소제 류볜을 폐하고, 류셰劉協(유협)를 황제로 내세우니, 이 사람이 곧 후한의 마지막 황제인 헌제獻帝이다. 둥줘는 정권을 틀어쥐고 포악한 짓을 일삼으니, 각지에서는 둥줘를 토벌하려는 동맹군들이 일떠섰다. 이에 두려움을 느낀 둥줘는 백관들의 반대를 무릅쓰고 헌제를 데리고 수도를 창안長安(장안)으로 천도했다. 둥줘는 뤄양을 떠나며 도시 전체에 불을 질렀고, 뤄양 인근의 종실들을 모두 제거하였다. 이에 170년간 후한의 수도였던 뤄양은 한갓 잿더미로 변해 버렸고, 한나라 왕조는 사실상 이때부터 망한 것이나 다름없게 되었다. 둥줘가 뤄양을 떠나자 그를 토벌하기 위해 동원되었던 연합군은 목표를 잃고 우왕좌왕하다 얼마 후 뿔뿔이 흩어져 버렸다.

후한의 마지막 황제 헌제가 둥줘에 의해 창안으로 옮겨간 지 얼마 되지 않은 192년 둥줘는 뤼부呂布(여포)의 손에 살해되었다. 둥줘가 죽은 뒤 관중關中(관중) 지역은 그의 부장인 리줴李催(이각)와 궈쓰郭汜(곽사) 등이 서로 죽이는 등 무정부 상태에 빠져 버렸다. 이제 천하는 말 그대로 군웅할거의 각축장으로 변해 버렸고, 중원 땅에서는 군벌들이 벌떼같이 일어나 이후 12년 동안 격렬한 전쟁이 끊이지 않았다. 약 5, 6년간의 분열과 병합의 과정을 거친 뒤 전국은 수많은 군웅들에 의해 분할되었다. 위안사오는 지저우冀州(기주), 칭저우青州(청주), 빙저우幷州(병주)를 차지했고, 차오차오曹操(조조)는 옌저우兗州(연주), 위저우豫州(예주)를 점거했으며, 궁쑨짠公孫瓚(공손찬)은 유저우幽州(유주)를, 쑨처孫策(손책)는 강동江東에 할거했다. 그 와중에 황건적 잔당 역시 지역을 옮겨 가며 싸움을 계속 이어갔다. 하지만 이들은 오래지 않아 군웅들에 의해 진압되거나 그들의 군대에 편입되었다.

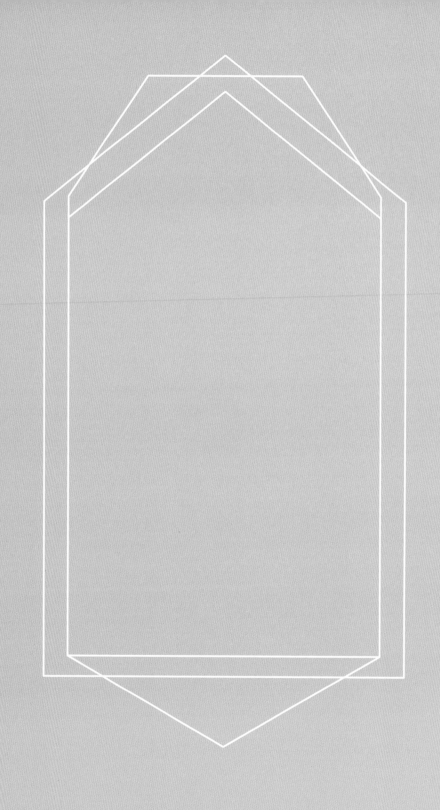

차오차오의 등장을 알리는 '관두의 싸움'

당시 할거했던 군웅들 가운데 먼저 두각을 나타낸 것은 차오차오(155~220년)였다. 그는 패국沛國 챠오현譙縣[초현, 지금의 안후이성安徽省(안휘성) 보저우亳州(박주)] 사람으로, 환관인 중상시中常侍 차오텅曹騰(조등)의 양자인 차오쑹曹嵩(조숭)의 아들이다. 환관인 차오텅이 아들이 없었기에 차오쑹을 양자로 들였던 것이다. 차오차오는 어린 시절 무예 익히기를 즐기고 많은 책을 읽었는데, 특히 고대 병법을 좋아했다. 일찍이 『손자병법孫子兵法』을 주석한 『손자약해孫子略解』를 펴내기도 했는데, 이것은 『손자병법』에 대한 최초의 주석본이라 한다. 하지만 품성은 방탕한 면도 있어 일설에 따르면 위안사오와 함께 신부를 훔친 일도 있다 한다.

위 무제魏武帝(차오차오)는 젊었을 때, 일찍이 위안사오와 함께 유협遊俠 행위를 하는 것을 좋아했다. 한 번은 다른 사람이 결혼하는 것을 보고 그 주인집 정원에 몰래 들어가 밤에 큰소리로 외쳤다.

"도둑이야!"

신부를 맞이하는 작은 천막 안에 있던 사람들이 모두 나와 둘러보는 사이 무제는 그 안에 들어가 칼을 빼들고 신부를 겁탈한 뒤 위안사오와 함께 도로 나왔는데, 도중에 길을 잃은 데다 위안사오가 가시나무 속으로 떨어져 꼼짝을 못했다. 그러자 무제가 다시 소리쳤다.

"도둑이 여기 있다!"

위안사오가 다급한 나머지 자기 힘으로 뛰쳐나와 마침내 둘 다 무사히 빠져 나왔다.

- 『세설신어世說新語』「가휼假譎」

이런 패악질을 일삼기도 했던 그에 대한 세간의 평은 그리 좋지 못했다. 그러나 챠오쉬안橋玄(교현)만은 그의 사람됨을 알아보고 나중에 천하를 안정시킬 것이라며 당대의 명사였던 쉬사오許劭(허소)를 찾아가 그와 결교結交할 것을 권유했다. 차오차오가 쉬사오를 찾아가 "나는 어떤 사람인가"라고 묻자 그는 아무 대답도 하지 않았다. 차오차오가 그를 위협하자 마지못해 쉬사오는 "그대는 평안한 시절에는 간적이요, 난세에는 영웅君淸平之奸賊, 亂世之英雄"이라 평가했다고 한다. 이와 비슷한 평으로『이동잡어異同雜語』에서는 "치세의 능신이요, 난세의 간웅治世之能臣, 亂世之奸雄"이라 했는데, 세상에는 이 말이 더 잘 알려져 있다.

175년 차오차오는 21살의 나이로 뤄양의 북부위北部尉로 관직을 시작했다. 184년 30살이 되었을 때 황건적의 난이 일어나자 기도위騎都尉에 임명되어 잉촨潁川(영천)에서 황건적을 토벌했다. 189년 둥줘가 창안에 들어가 권력을 잡은 뒤 차오차오에게 자신의 수하로 들어올 것을 제안했다. 차오차오는 이때 일생일대의 결정을 내려야 했다. 당시 기세가 등등했던 둥줘 밑에 들어가 당장의 영달을 꾀할 것인가 그렇지 않으면 천하의 대의를 좇을 것인가? 차오차오는 고민 끝에 둥줘의 제안을 거절하고 성을 탈출해 천류陳留(진류)로 갔다가 군사 5천을 모아 둥줘를 토벌하기 위한 관동연합군에 참여했다. 둥줘가 뤼부에 의해 죽은 192년에는 황건적의 군대 30여만 명을 투항시켜 그 가운데 정예병을 선발해 청주병靑州兵이라는 이름을 붙이고 자신의 주력으로 삼았다. 이때부터 차오차오는 중원을 경략할 야심을 품었다.

그러던 중 차오차오는 196년 자신의 모사인 쉰위荀彧(순욱)의 건의로 한의 마지막 황제인 헌제를 자신의 근거지인 쉬창許昌(허창)으로 맞아들였다. 이것은 차오차오가 군웅들 간의 각축에서 처음으로 두각을 나타내는 계기가 되었다. 차오차오의 압력으로 헌제는 수도를 뤄양에서 쉬창으로 옮기고, 차오차오를 대장군에 임명했다. 이로써 차오차오는 이른바 "천자를 끼고 제후를 호령挾天子令諸侯"하는 명분을 얻고 자립할 근거를 마련할 수 있었다. 그때는 이미 후한 왕조가 명운이 다해 바람 앞의 등잔불 같은 처지에 놓여 있었다. 이에 당시 힘이 있는 군웅들은 저마다의 야심이 있었는데, 명목뿐인 황제를 처리하는 데도 각자의 생각이 달랐다. 이를테면 둥줘는 소제를 폐하고 헌제를 내세우는 '폐립廢立'을 했고, 위안사오는 별도의 황제를 세우려 했으며別立, 위안수袁術(원술)는 아예 자기가 황제가 되려고 했다自立. 하지만 그 어느 쪽이든 리스크는 큰 데 비해 사실상 얻는 것은 별로 없는 형국에서 차오차오가 취한 "천자를 끼고 제후를 호령"하는 것이 효율성 면에서 가장 뛰어난 선택이었다.

같은 해에 차오차오는 짜오즈棗祗(조지)와 한하오韓浩(한호)의 건의를 받아들여 둔전법屯田法을 시행하였다. 당시 여러 세력 간의 싸움과 학살이 끊임없이 이어져 사회가 불안정했던 터라 백성들은 마음 편히 농사를 지을 수 없었다. 이에 농업 생산량이 크게 줄어 군량을 제대로 확충하기 어려웠다. 차오차오가 부하들의 건의를 받아들여 둔전을 적극적으로 시행했던 것은 바로 이 때문이었다. 둔전법은 국가가 일정한 지역에 경작자를 설정하여 황무지를 개간하고 경작하는 제도로, 이것은 다시 민둔民屯과 군둔軍屯으로 나뉜다.

> 민둔은 50명을 1둔으로 했는데, 사마를 설치하고 그 위에 전농도위, 전농교위, 전농중랑장을 설치했으며, 군현에 예속되지 않고 수확물을 국가와 나누었다. 만약 관에서 빌려준 농우를 사용할 경우 관청에서 6할, 개인이 4할의 수확물을 가졌고, 개인이 직접 자신의 농우를 사용할 경우 관청과 개인이 절반씩 나누었다. …
>
> 군둔은 사병들이 직접 경작했는데, 60명을 1영營으로 조직해 변경을 지키면서 둔전을 경작하도록 했다. 허도에서 둔전제를 실시하면서 첫해에 수확한 곡물이 100만 곡斛이 넘었다.[36]

이제 모든 준비가 갖추어진 상황에서 차오차오의 눈길은 중원을 향했다. 그런데 차오차오가 중원의 패자로 올라서기 위해서는 반드시 허베이 지역 최고의 실력자인 위안사오를 넘어서야 했다. 하지만 당시 차오차오의 처지는 위안사오보다 불리했다. 군사의 숫자도 적었으며, 그나마도 기병보다 보병이 주력이었다. 또 배후에는 징저우荊州(형주)에 류뱌오劉表(유표)가 있었고, 쉬저우徐州(서주)에는 류베이劉備(유비)가 있었으며, 무엇보다 강남의 쑨처가 호시탐탐 차오차오를 노리고 있었다.

하지만 쑨처가 자객의 습격으로 죽고, 나이 어린 쑨취안孫權(손권)이 그 자리를 잇자 사태를 수습하기 위해 차오차오와 동맹을 맺게 된다. 아울러 쉬저우 전투에서 잠시 관위關羽(관우)를 얻게 되자 중요한 일전을 앞두고 있던 차오차오의 군대는 위안사오와의 전투에 전력을 집중할 수 있었다. 서기 200년 차오차오의 군대는 드디어 관두[현재 허난성 정저우시鄭州市(정주시) 중머우현中牟縣(중모현) 관두진官渡鎭(관도진) 일대]에서 위안사오의 대군과 맞섰다. 초기에는 차오차오의 군대가 여러 가지 면에서 열세였다. 군사의 숫자도 적었고, 무엇보다 군량이 넉넉하지 않았다. 위안사오의 책사 쉬유許攸(허유)는 위안사오에게 조조의 병력은 적으면서도 주력을 우리 쪽에 몰아넣고 있으니 그 배후를 치자고 건의했다. 하지만 위안사오는 쉬유의 건의를 받아들이지 않고, 오히려 그의 집안사람들을 불법을 저질렀다는 이유로 체포했다. 쉬유는 자신을 알아주지 않고 홀대한 위안사오를 떠나 차오차오에게로 넘어갔다. 쉬유는 차오차오에게 위안사오 군의 병참 기지인 우차오烏巢(오소)를 습격해 군량을 태워 버리면 위안사오 군이 궤멸될 것이라 건의했다.

『조만전曹瞞傳』에 기록했다. 차오차오는 쉬유가 왔다는 말을 듣고 맨발로 나가 그를 맞이하였다. 손을 잡고 웃으며 말했다.

"쯔위안子遠(자원, 쉬유의 자)이 왔으니 내 일이 이루어지겠구려!"

마주앉은 쉬유가 차오차오에게 말했다.

"강한 위안사오 군대를 어떻게 대처할 것이오? 지금 군량은 얼마나 있소이까?"

차오차오가 대답했다. "아직 일 년은 버틸 수 있소."

그러자 쉬유가 말했다.

"아니오. 다시 말씀해 보시오."

차오차오가 말했다.

"반년은 버틸 수 있소."

쉬유가 다시 말했다.

"공은 위안사오를 이기고 싶지 않소? 어찌 사실대로 말하지 않으시오!"

차오차오가 대답했다.

"금방 한 말은 농담이오. 사실 한 달분밖에 없으니 어찌하면 좋소?"

쉬유가 말했다.

"지금 공은 단독으로 군대를 수비하고 있고 밖으로 원조도 없는데다 식량은 바닥이 났으니 위급한 때이오. 위안사오의 치중대는 구스故市(고시)와 우차오에 1만여 대나 있지만 군대의 방비가 허술하오. 지금 경부대로 불의에 습격하여 그 쌓아 놓은 군량을 태운다면, 불과 삼일 안에 위안사오는 스스로 무너질 것이오."

- 『삼국지』권1 페이쑹즈裴松之 주注[37]

이에 차오차오는 5천의 결사대를 조직해 우차오를 야습해 군량을 모두 불태우니 형세가 일시에 역전되었다. 위안사오가 싸움에 패해 황허를 건널 때 남은 것은 기병 800명뿐이었다. 이 싸움을 통해 차오차오는 중원을 통일하고 패자의 지위를 확고히 할 수 있었다. 차오차오는 이 여세를 몰아 위안씨의 잔여 세력과 결탁한 오환烏桓을 복속시키고 동북쪽의 패자 궁쑨두 역시 굴복시켜 화북華北 지역을 거의 평정했다. 이 '관두의 싸움'은 작은 병력으로 많은 병력을 이긴 대표적인 사례로 꼽히고 있다. 싸움의 당사자인 차오차오마저 싸우기 전에는 승패를 자신할 수 없을 정도였다. 그런데 차오차오의 책사 가운데 한 사람인 궈자郭嘉(곽가)는 그 전에 차오차오에게 이른바 "십승십패설十勝十敗說"을 올려 차오차오가 반드시 승리할 수밖에 없다고 진언한 바 있다. 그 내용은 다음과 같다.

(그 옛날 한 고조) 류방劉邦(유방)이 샹위項羽(항우)의 적수가 못 됨은 주공도 아시는 바이옵니다. 한 고조가 오로지 지혜로써 이긴 것이니, 샹위가 비록 강성했다고는 하나 끝내 패배했던 것입니다. 제가 삼가 헤아려 보건대, 위안사오는 10개의 실패 요인이 있고, 주공께는 10개의 승리 요인이 있습니다. 그러니 위안사오가 비록 병력이 많다고는 하나 어찌할 도리가 없을 따름이옵니다.

첫째, 도道. 위안사오는 번다한 예의가 지나치게 많은 데 반해 주공께오서는 자연에 순응합니다.

둘째, 의義. 위안사오는 한 왕실을 반하는 명분으로 출병했으나, 주공께오서는 한 왕실을 떠받드는 명분으로 천하를 통솔하고 있사옵니다.

셋째, 치治. 한나라 정치가 잘못된 이유는 너무 관대했기 때문인데, 위 안사오는 관대함으로 관대함을 구제했으니 두려워하는 이가 없으나, 주공께오서는 매서움으로 잘못을 바로잡았기에 상하가 모두 절제를 압니다.

넷째, 도度. 위안사오는 겉으로는 관대해 보여도 안으로는 시기심이 많고 사람을 쓸 때 의심이 많아 친척 자제들에게만 일을 맡기나, 주공께오서는 겉으로는 평이하고 간단하나 속으로는 기민하고 분명해 오직 재능이 있으면 멀고 가까운 것을 따지지 않고 마땅한 자리에 등용합니다.

다섯째, 모謀. 위안사오는 생각이 많아 오히려 결정을 내리지 못하다 그것을 집행할 때 실패하지만, 주공께오서는 계책이 서면 즉시 집행하고 임기응변이 무궁무진합니다.

여섯째, 덕德. 위안사오는 누대에 걸친 자산을 빌미로 고담준론으로 표면적인 예의범절을 따져 가며 명성 있는 자만 거두어 공허한 말하기를 좋아하고 겉치레하는 이들이 그에게 가는 경우가 많지만, 주공께오서는 지극한 마음으로 사람들을 대하고 일할 때도 진심을 다해 성실하게 추진해 공허하고 보기에만 좋은 일은 하지 않고 절제하고 검소하게 아랫사람들을 부리되 공이 있는 사람에게는 인색하게 대하지 않으시니 충정을 갖고 널리 보는 안목을 가진 내실 있는 이들이라면 기꺼이 주공에게 등용되기를 원합니다.

일곱째, 인仁. 위안사오는 춥고 배고픈 이를 보면 긍휼히 여기는 마음이 안색에 드러나나 보지 않으면 근심하는 바가 그에 미치지 않기에 이것은 아녀자의 어짊일 따름이나, 주공께오서는 목전의 작은 일은 때로 소흘히 하는 바가 있어도 큰일인 경우에는 그 은택이 사해에 이르러 사람들의 기대를 훨씬 더 뛰어넘을 정도이고 비록 보이지 않는 것이라 할지라도 근심하는 바가 두루 미치어 구제하지 않는 바가 없습니다.

여덟째, 명明. 위안사오는 대신들이 서로 권세를 다투느라 올리는 참언에 미혹되지만, 주공께오서는 큰 도리로 부하들을 다스리시어 물 한 방울이라도 스며들지 못할 정도로 참언에 흔들리지 않으십니다.

아홉째, 문文. 위안사오는 시비가 분명치 못하지만, 주공께오서는 옳은 것은 예로써 장려하고 그른 것은 법으로 다스리십니다.

열째, 무武. 위안사오는 허세를 부리고 병법에는 어둡지만, 주공께오서는 적은 군사로 많은 군사를 물리치고 용병술이 귀신같아 우리 군사는 모두 주공을 신임하고 적들은 모두 주공을 두려워합니다.

주공께오서는 이 열 가지 승리 요인을 갖고 계시니 위안사오를 격퇴함에 무슨 어려움이 있겠사옵니까?

－『삼국지』『위서』「궈자열전」[38]

『후한서後漢書』「위안사오전」에서도 위안사오에 대해 비슷한 평가를 내렸다. "위안사오는 겉으로 보기에 관대하고 문아하며, 나름 도량이 있고 얼굴에 기쁨이나 노여움 등을 잘 드러내지 않았으나 본성이 오만하고 고집불통인지라 다른 이들의 정확한 의견을 잘 듣지 않았다. 그래서 실패하고 말았다." 하지만 승리에 대해 반신반의하던 차오차오를 북돋워 승리에 대한 확신을 갖게 하는 등 차오차오 옆에서 중요한 역할을 하던 책사 궈쟈는 '관두의 싸움'에 이어 벌어진 요동 정벌에서

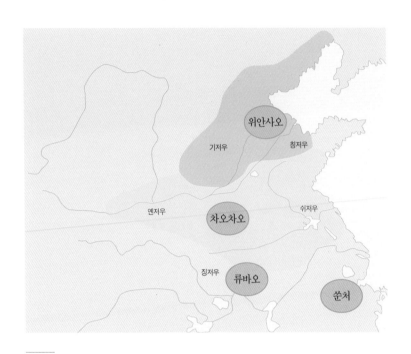

관두의 싸움

38살이라는 젊은 나이로 병사했다. 차오차오는 평소 "오직 펑샤오奉孝 (봉효, 궈쟈의 자)만이 나의 뜻을 알 수 있다"[39]고 했거니와 그의 죽음은 차오차오에게는 자신의 수족을 잃은 것과 마찬가지 격인 큰 슬픔이었다.

'관두에서의 싸움'은 향후 벌어지게 될 위·오·촉 삼국 쟁패의 서막을 알리는 중요한 일전이었다. 이에 앞서 변죽을 울리던 인물들, 이를테면 둥줘나 뤼부, 위안사오, 위안수와 같은 인물들은 모두 뒷전으로 물러나고 바야흐로 본격적인 삼국시대가 열리게 되었다. 이 싸움에서 승리함으로써 차오차오는 중원의 새로운 패자로 등장하게 되고, 곧이어 쑨씨 형제의 오나라가 그 모습을 드러내게 되며, 류베이의 촉나라는 아직 때가 되지 않아 주거량諸葛亮(제갈량)의 등장을 기다리는 형국이 된 것이다.

삼국정립의 대세를 확정 지은 '츠비의 싸움'

'관두의 싸움'으로 북방을 모두 평정하고 황허 이북을 통일한 차오차오의 다음 눈길이 머문 것은 당시 징저우를 차지하고 있던 류뱌오였다. 차오차오가 류뱌오를 표적으로 삼았던 것은 첫째, 징저우가 물산이 풍부한 곳이고 둘째, 류뱌오는 오랫동안 차오차오와 관계가 좋지 않아서였다. 이때 '관두의 싸움'에서 위안사오의 쪽에 섰던 류베이는 오히려 위안사오의 의심을 받아 남쪽으로 도망쳐 류뱌오에게 몸을 맡기고 있었다.

류베이는 원래 후한의 유명한 학자인 루즈盧植(노식)에게 경학을 배워 그 나름대로 학식을 갖추고 있었으나 초기에는 자기 세력이 없어 두각을 나타내지 못했다. 징저우에서 류베이는 샹양襄陽(양양)의 북쪽에 있는 신예新野(신야)를 4년간 다스리며 비교적 한가한 시간을 보냈다. 이때 류베이는 향후 자신의 인생에 큰 영향을 주게 될 인재를 차례차례 만나게 되는데, 그 가운데 가장 중요한 인물이 바로 주거량이었다. 류베이가 주거량을 모셔 오기 위해 그가 살고 있는 룽중隆中(융중)에 세 번이나 찾아갔다三顧草廬는 것은 워낙 유명한 일화라 여기서 다시 상세히 설명할 필요는 없을 것이다. 중요한 것은 주거량이 짐짓 류베이의 마음을 떠보기 위해 두 번을 물리치고 난 뒤 세 번째 찾아온 정성에 감복해 그에게 올린 천하삼분의 계책이다. 이것은 주거량의 은거지 이름을 본 따 흔히 '룽중대책'이라 불린다.

> 만약 징저우와 이저우益州|익주, 지금의 쓰촨四川(사천) 지역를 차지하여 그 요충지를 확보하고 서쪽으로 여러 융족戎族과 화해하고 남쪽으로 이월夷越을 위무하며, 대외적으로 쑨취안과 화약을 맺고 대내적으로 정치를 혁신하면 천하 형세에 변화가 생길 것이니, 상장 한 명에게 징저우의 군사를 완宛|완. 지금의 허난성 난양南陽(남양)과 뤄洛(지금의 뤄양 일대)로 진군시키고, 장군께서는 친히 이저우의 군대를 이끌고 친촨秦川(진천)으로 진군한다면 백성들이 어찌 대나무 소쿠리에 넣은 밥과 호롱에 넣은 술로 장군을 환영하지 않겠습니까? 진실로 이러하다면 패업이 이루어지고 한실이 부흥하게 될 것입니다.
>
> -「룽중대책」

이 '룽중대책'은 '천하삼분지계(天下三分之計)'라고도 하거니와, 주거량이 당시 천하의 대세에 의거해 정치, 경제, 군사, 지리, 인사 등 각각의 측면을 분석해 그 나름대로 정합성이 있는 전략을 내세운 것이다. 우선 주거량은 단기적으로 당시 할거한 세력들 가운데 가장 힘이 약한 류베이가 자체적으로 자립하기 위해 징저우와 이저우를 취하고, 쑨취

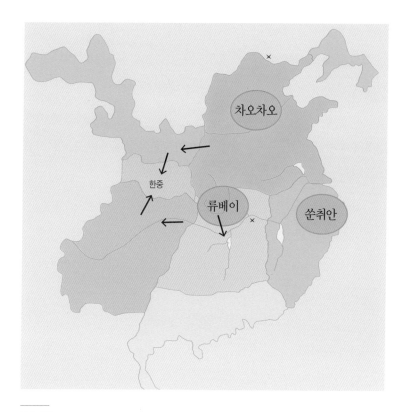

룽중대책

안과 동맹 관계를 맺어 위에 대항해야 한다고 주장했다. 이렇게 삼국이 힘의 균형을 이룬 상태에서 장기적으로 촉蜀의 힘을 길러 그다음 단계에 중원을 북벌하고 궁극적으로는 한나라 왕실의 부흥을 도모해야 한다고 하였다. 과연 그 뒤에 벌어지는 상황은 주거량이 예상한 것과 정확하게 맞아떨어져 천하는 차오차오의 위魏와 쑨취안의 오吳 그리고 류베이의 촉蜀으로 나뉘어 삼파전을 벌이게 된다.

208년 차오차오는 남하를 개시해 병사한 류뱌오의 아들 류쭝劉琮(유종)의 항복을 받아냈다. 류베이는 다시 몸을 피해 쟝링江陵(강릉)으로 남하하다 당양當陽(당양)에서 차오차오의 군사에게 패했다. 이때 류베이는 처자식마저 내팽개치고 주거량, 장페이張飛(장비) 등 몇 명의 장수와 수십 명의 기병만 데리고 도주했다. 소설인 『삼국연의三國演義』에서 장페이가 장반챠오長板橋(장판교)에서 장팔사모를 비껴들고 차오차오의 대군과 맞서고[40], 자오윈趙雲(조운, 곧 趙子龍)이 단기필마로 류베이의 아들 류찬劉禪(류선)을 구해 온 이야기가 나온 것도 바로 이때였다.[41] 정신없이 도망치던 류베이 일행은 마침 관위가 류쭝의 형인 류치劉琦(유기)의 원군을 데리고 도착해 겨우 차오차오의 군대를 막아 낼 수 있었다. 또 마침 쟝샤江夏[강하, 지금의 후베이성湖北省(호북성) 우한시漢(무한시) 서남쪽]에 갔던 주거량도 군사를 끌고 와 합류했다. 이에 류베이는 겨우 숨을 돌리고 쟝샤 인근의 샤커우夏口[하구, 지금의 후베이성 우한시武漢(무한시)]에서 머물렀다.

이때 차오차오는 동오東吳의 쑨취안에게 편지를 보내 함께 징저우를 빼앗아 서로 나누어 가지자고 제안했다. 이를 두고 쑨취안의 신하들은 둘로 나뉘어 논란을 벌였다. 여러 문신이 차오차오에게 투항하자고 주장한 반면 재상인 루쑤魯肅(노숙)의 생각은 달랐다. 그는 앞서 류뱌오가 죽었을 때 쑨취안에게 다음과 같이 건의한 적이 있었다.

> 류뱌오가 죽자 루쑤가 나아가 말했다.
>
> "징저우는 우리와 접해 있는데 강물은 북쪽에서 흘러, 밖으로는 창장과 한수이漢水(한수)를 두르고 있으며 안으로는 험준한 산이나 구릉이 있습니다. 여기에 견고한 성이 있고, 옥토가 만 리나 되어 백성들이 부유합니다. 만일 우리가 이곳에 할거한다면, 제왕의 기반을 마련할 수 있을 것입니다. 지금 류뱌오가 죽었으되 그 두 아들은 평소 화목하지 못하고, 군중의 장수들은 각기 두 파로 분열되어 있습니다. 류베이 같은 천하의 영웅이 차오차오와 사이가 벌어져 류뱌오에게 의탁했지만 류뱌오는 그의 재능을 시기하여 중용하지 않았습니다. 만일 류베이가 류뱌오의 아들들과 합심해 세력을 키운다면 마땅히 그들과 공존하면서 동맹을 맺으면 될 것이고, 만일 그들 사이가 벌어지고 떨어져 나간다면 마땅히 별도로 도모하여 대업을 이루면 될 것입니다. 저는 명을 받들어 류뱌오의 두 아들에게 가서 조문하고 아울러 그들 군중의 여러 장수를 위로하고, 아울러 류베이에게 류뱌오의 부하들을 어루만져 한마음 한뜻으로 함께 조조에게 대항하도록 설득하고자 합니다. 류베이는 반드시 기뻐하며 명을 따를 것입니다. 만일 성공한다면 천하도 평정할 수 있을 것입니다. 지금 곧장 가지 않으면 아마 차오차오가 먼저 기회를 잡게 될 것입니다."

쑨취안은 곧바로 루쑤를 보냈다.

- 『삼국지三國志』 권54 「오서吳書」 「저우위·루쑤·뤼멍전周瑜·魯肅·呂蒙傳」

그러나 신중한 성격의 쑨취안은 결단을 내리지 못하고 차일피일 상황을 관망했다. '순망치한脣亡齒寒'이라고 했던가? 지금 천하가 차오차오의 손아귀에 들어가 중원이 거의 평정되었으니 그 예봉이 향하는 바는 류베이와 남쪽의 자신일 것이다. 차오차오가 지금 당장 위기에 처한 류베이를 끝장내고 나면 여세를 몰아 자신을 향해 쳐들어올 것이었으나, 그럼에도 쑨취안은 요행을 바라며 머뭇거렸다. 이때 주거량이 루쑤와 함께 당시 차이쌍柴桑[현재의 쥬장九江(구강)]에 있던 쑨취안을 만나러 와 다음과 같이 말했다.

당시 쑨취안은 군대를 모아 차이쌍에 있으면서 싸움의 성패를 관망하고 있었다. 주거량이 쑨취안을 설득하여 말하였다.

"지금 천하가 혼란스러워 장군께서 창장 동쪽에서 거병하시고, 류예주(류베이)도 한수이 이남을 거두어 차오차오와 더불어 천하를 다투고 있습니다. 지금 차오차오는 북방을 거의 평정하고 징저우도 손에 넣어 천하에 그 위세를 떨치고 있습니다. [그 기세에] 영웅이라 할지라도 무력을 쓸 곳이 없기에 류예주께서도 몸을 피해 이곳에 이른 것입니다. 장군께서도 힘을 헤아리고 이 사태에 대처하셔야 할 것입니다. 만일 남방의 병력으로 중원과 맞설 수 있다면 차라리 차오차오와 관계를 끊어 버리는 게 나을 것이며, 당해 낼 수 없다면 어찌 군사를 거두고 무장을 해제하여 북쪽을 바라보고 차오차오를 섬기지 않으시는지요? 지금 장군은 겉으로는 복종이라는 명분에 의탁하고 있지만 속으로는 머뭇거리며 [상황을 살펴보는] 계책을 여전히 간직하고 있는데, 사태가 위급하니 결단을 내리지 않으신다면 재앙은 매우 빨리 닥칠 것입니다."

주거량의 이 말은 냉정하게 현 상황을 진단하고 그에 대한 대안을 제시하는 듯하지만, 실제로는 쑨취안의 자존심을 건드리는 말로 그를 자극한 것이었다. "당해 낼 수 없다면" 길게 생각할 것 없이 차오차오에게 투항하라니? 쑨취안은 치밀어 오르는 화를 참으며 주거량에게 물었다.

쑨취안이 말했다.
"과연 정세가 그러하다면 류예주는 어찌하여 차오차오를 섬기지 않는 것이오?"
주거량이 말했다.
"[전국시대의] 톈형田橫(전횡)은 제齊나라 장사일 뿐인데 오히려 의를 지켜 굴욕적인 투항을 하지 않았습니다. 하물며 류예주는 왕실의 후예로 영명한 재능이 세상에 떨쳐 마치 물이 바다로 흘러들 듯 많은 인사의 추앙을 받고 있습니다. 만일 일이 성공하지 못하더라도, 그것은 하늘의 뜻이거늘 어찌 몸을 굽혀 차오차오의 밑으로 들어갈 수 있겠습니까?"

이 대목에서 쑨취안은 더 이상 참을 수 없었다. 한낱 신하에 불과한 톈헝조차 의를 지켜 투항하지 않았는데, 황실 가문의 후예인 류베이가 어찌 그런 굴욕을 당할 수 있느냐는 주거량의 도발에 쑨취안은 그 말이 자신을 은근히 빗댄 것이라 생각하고 격하게 반응했다.

쑨취안은 발끈 화를 내며 말했다.

"내 오나라의 모든 토지와 10만 병사를 거느리고 있으면서 다른 사람에게 엎드릴 수 없소. 내 생각은 결정되었소! 그러나 류예주가 아니면 차오차오를 감당할 자가 없다고 하지만, 예주는 막 패한 뒤인데 어떻게 이 어려움을 이겨 낼 수 있겠소?"

기회를 잡은 주거량은 이때다 싶어 쐐기를 박았다.

주거량이 말했다.

"예주의 군대는 비록 창반에서 졌지만, 이제 군대로 돌아온 병사와 관위의 수군 정예 병사 1만 명이 있습니다. 류치가 쟝샤의 병사들을 합친 것이 또한 1만 명을 밑돌지 않을 것입니다. 차오차오의 군대는 먼 길을 왔으므로 지쳐 있습니다. 들건대 예주를 뒤쫓아 날랜 기병이 하룻낮 하룻밤 동안 300리를 달려왔다고 합니다. 이것은 이른바 '제아무리 강한 활에서 떠난 화살이라도 그 마지막은 노魯나라 명주조차 뚫을 수 없다'고 하지 않았습니까. 그래서 병법에서는 이런 일을 꺼리며 '반드시 상장군이 다치게 된다'고 한 것입니다. 게다가 북방 사람들은 수전에 익숙하지 못하며, 징저우 백성들이 차오차오에게 의탁하고 있는 것도 병력과 위세에 압박당한 결과일 뿐 충심으로 복종하는 것은 아닙니다. 만약 장군 께서 진실로 용맹한 장수에게 병사 수만 명을 이끌고 류예주와 힘을 합 쳐 노력한다면 틀림없이 차오차오의 군을 깨뜨릴 수 있습니다. 차오차 오의 군대는 패배하여 북쪽으로 돌아갈 것이고, 이와 같이 되면 징저우 와 오나라의 세력이 강대해져 삼국이 정립하는 형세를 갖추게 될 것입 니다. 성공과 실패의 관건이 오늘에 달렸습니다."

쑨취안이 매우 기뻐하며 곧장 저우위周瑜(주유), 청푸程普(정보), 루쑤 등 수군 3만 명을 보내 주거량을 따라 류베이가 있는 곳으로 가서 힘을 합 쳐 차오차오에게 맞서도록 했다.

- 『삼국지三國志』 권35 「촉서蜀書」 「주거량 전諸葛亮傳」

오의 장수 저우위는 군사를 이끌고 츠비赤壁(적벽)에서 창장을 건너 는 차오차오의 군대와 마주했다. 당시 차오차오의 군사는 30만 명이었 고, 쑨취안과 류베이 연합군의 군사는 5만 명에 불과했지만, 차오차오 군은 먼 길을 오느라 피로했고, 수전에 익숙하지 않아 뱃멀미를 하는 등 전투력이 강하지 않았다. 이런 상태에서 차오차오의 군대가 주도적 으로 진격을 감행할 수는 없었지만, 그렇다고 저우위의 군대 역시 차 오차오의 군을 한방에 격퇴할 만한 전력을 갖춘 것은 아니었다. 이때 유명한 황가이黃蓋(황개)의 화공책을 받아들여 때마침 불어온 동남풍을 타고 불을 놓아 차오차오의 수군을 불태웠다.

차오차오의 수채가 채 2리도 남지 않았을 대 황가이의 신호에 따라 앞

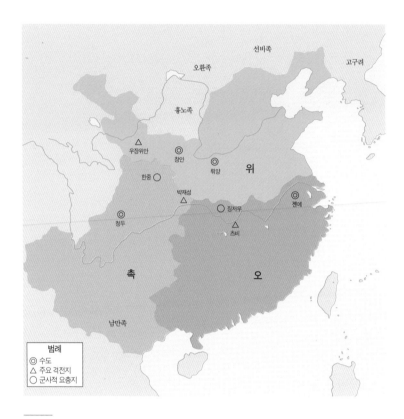

선비족

고구려

오환족

흉노족

△ 우장위안

◎ 창안

◎ 뤄양

위

한중 ○

박재성 △

○ 징저우

◎ 젠예

◎ 청두

△ 츠비

촉

오

남만족

범례
◎ 수도
△ 주요 격전지
○ 군사적 요충지

삼국정립

서가는 화선에서 갑자기 불길에 솟구치기 시작했다. 강한 동남풍에 불길이 거세지면서 벌건 화염이 사방에서 넘실대기 시작했다. 배는 쏜살같이 앞으로 돌진했다. 이윽고 차오차오의 전선들은 순식간에 불길에 휩싸였다. 하늘이고 강이고 할 것 없이 온통 화염에 휩싸이자 어디로 도망갈 길조차 찾을 수 없었다. 불길은 언덕 위 영채까지 넘실대더니 순식간에 사방으로 번져가기 시작했다. 눈 깜짝할 사이에 화염과 연기가 하늘을 뒤덮고 태양을 가렸다. 차오차오의 군사나 군마는 불에 타 죽거나 물에 빠져 죽고 말았는데, 그 수를 헤아릴 수조차 없을 정도였다.[42]

저우위와 류베이의 군대는 수륙 양면으로 진격해 차오차오를 북방으로 철수하게 했다. 이 싸움의 실패로 차오차오는 당분간 남쪽 지방에 대한 공략을 중단하고, 그 사이 힘을 기른 류베이는 징저우를 점령하고 다시 이저우에 할거하던 류장劉璋(유장)의 세력을 소멸시켰다. 이렇게 삼국정립의 대세가 사실상 정해졌다.

무너진 균형의 축, '이링의 싸움'

216년 차오차오는 예鄴(업)에서 위왕魏王에 봉해졌으나, 얼마 안 돼서 (220년) 뤄양에서 병사했다. 같은 해 10월에 그의 아들 차오피曹丕(조비)가 뤄양에서 헌제에게 황제의 자리를 물려받아 위 문제文帝가 되었다. 이 듬해에는 류베이가 청두成都(성도)에서 황제를 칭하고 국호를 한漢이라 했는데, 흔히 촉蜀이라고 불렀다. 쑨취안은 차오피가 내린 오왕吳王이라는 칭호를 그냥 받아들였다가, 229년 젠예建業(건업)에서 황제를 칭하고 오나라를 세웠다. 삼국 가운데 위나라가 가장 국력이 강성했으나, 통치 지역인 북방은 한말漢末 이래 오랫동안 군웅이 할거하며 쟁패하느라 사회 경제적으로 피폐해져 남방의 두 나라를 없애고 중원을 통일할 여력이 없었다. 남방에서는 촉과 오 두 나라가 동맹을 맺고 위나라에 대항했기에 한동안 이러한 대치 국면이 계속되었다. 하지만 그러한 균형을 깨고 중국의 통일을 실현하려는 시도는 계속 이어졌다.

이들 삼국 간의 힘의 균형이 깨진 것은 촉의 지나친 욕심 때문이었다. 일찍이 주거량은 류베이에게 「룽중대책」을 올리면서 땅이 비옥한 징저우와 이저우 두 곳을 근거지로 삼아 힘을 기르는 한편, 오와 화의를 맺고 삼국정립의 기틀을 세우라고 제안했다. '츠비의 싸움'은 그 결정판이었다. 그러나 '츠비의 싸움'으로 각자 삼국정립의 한 축을 마련한 뒤 류베이와 쑨취안의 동맹은 점차 틈이 벌어졌다. 상황은 여러 가지로 불리하게만 돌아갔다. 촉과 오의 동맹을 주거량 못지않게 적극적으로 주장했던 루쑤가 세상을 떴다. 하지만 양측의 관계를 결정적으로 틀어 놓은 것은 관위였다.

소설 『삼국지』에서 실제보다 과장되게 묘사된 인물로 주거량과 관위가 손꼽히는데, 그중에서도 관위는 오만한 성격으로 많은 문제를 일으킨 바 있다. 정사 『삼국지』의 작자인 천서우陳壽(진수)는 관위에 대해 "굽힐 줄 모르고, 자만심이 강하여, 그 단점 때문에 패했으니 당연한 이치다剛而自矜, 以短取敗, 理數之常也"라고 평했다. 그는 지나치게 오만하고 자부심이 강해 류베이와 쑨취안의 동맹관계의 중요성을 제대로 이해하지 못했다. 쑨취안이 양국의 긴장 관계를 풀기 위해 자신의 아들을 관위의 딸과 혼인시키겠다고 제안했을 때에도 호랑이 같은 장수의 여식을 어찌 개의 아들에게 시집보내겠느냐며 거절했다. 쑨취안의 입장에서는 호의를 호의로 받기는커녕 그래도 삼국의 한 축을 맡고 있는 군주의 제안을 신하 주제에 거절했으니 어처구니없었던 게 당연한 노릇이었다.

결국 관위는 그런 식으로 오만하게 굴다 오나라 군사에게 사로잡혀 219년에 참형을 당한다. 그리고 그 이듬해인 220년 차오차오도 세상을 떠났다. 그 뒤를 이은 차오피는 곧바로 후한의 마지막 황제인 헌

뤄양에 있는 관위의 무덤인 관림關林 © 조관희

제로부터 양위를 받아 칭제하고 정식으로 위나라를 세웠다. 이렇게 해서 동한 류씨 왕조는 그 명을 다하고 역사 속으로 사라졌다. 소설『삼국지』의 이야기는 동한 말 황건적의 난부터 시작하고, '츠비의 싸움' 이후 세 나라의 세력이 정립하지만, 위·오·촉 세 나라가 정식으로 나라를 세워 삼국시대로 접어든 것은 바로 이때부터였다. 위 문제 차오피가 칭제함에 따라 그 이듬해인 221년 한중왕 류베이도 청두에서 칭제하고 촉한을 세웠다. 황제의 자리에 오른 류베이는 관위의 죽음을 복수하겠다는 일념으로 동오 정벌을 주장했다. 당연히 주거량은 이에 반대했다. 하지만 이제 막 황제의 자리에 오른 류베이가 동오 정벌을 고집하자 그의 체면을 보아 더 이상 아무 말도 하지 않았다.

이때 또 하나의 비보가 류베이에게 날아왔다. 동오 정벌을 앞두고 출전을 준비하던 장페이가 피살됐다는 소식이었다. 평소 부하 병사들을 함부로 대하던 장페이가 수하 장수인 장다張達(장달)과 판창范強(범강)의 손에 죽었던 것이다. 두 아우를 잇달아 잃은 류베이를 막을 사람은 아무도 없었다. 류베이는 70만 대군을 이끌고 청두를 출발해 창장 상류인 바이디청白帝城[백제성, 지금의 쓰촨성四川省(사천성) 펑제현奉節縣(봉절현)]에 본영을 두고 창장을 따라 동쪽으로 진군했다. 그런데 이 엄중한 시점에 류베이는 주거량을 출전하지 말고 후방에 남아 있게 했다. 여기에 대해서는 주거량이 류베이의 동오 정벌을 반대했기 때문에 데려가지 않은 것이라는 설과 주거량의 형인 주거진諸葛瑾(제갈근)이 동오에서 중책을 맡고 있었기 때문이라는 설이 있다. 뭐가 됐든 주거량은 이번 출전에서 제외되었다.

삼국정립은 강대국인 위에 맞서 촉과 오가 동맹을 맺을 때만 효력을 발휘하는 것이다. 이 말은 촉과 오의 동맹이 깨지면 둘 다 위험에 빠진다는 것을 의미한다. 이제 류베이 군의 공격에 맞선 쑨취안은 동시에 위의 침공에도 대비해야 하는 이중의 위험에 처했다. 쑨취안은 위에 사자를 보내 칭신稱臣을 하고 복속할 것을 맹서하는 한편, 예전에 포로로 잡았던 장수 위진于禁(우금) 등도 위로 송환했다. 위 문제 차오피는 이 기회를 노려 촉과 함께 오를 공격해 쑨취안의 세력을 일소하자는 시중 류예劉曄(유엽)의 건의를 무시하고 오히려 쑨취안을 오왕에 봉했다. 이에 쑨취안은 마음놓고 촉의 공격에 대비할 수 있었다.

전투 초기에는 류베이의 군대가 몇 차례의 승리를 거두었다. 류베이는 대군을 이끌고 이링[지금의 후베이성 이창宜昌(의창) 동남쪽]으로 진군한 뒤 샤오팅猇亭[효정, 지금의 후베이성 이두宜都(의도)의 북쪽]에 이르렀다. 사태가 긴박하게 돌아가자 쑨취안은 장페이의 수급과 함께 장페이를 죽인 장다와 판창을 류베이에게 돌려보내며 화의를 청했으나 류베이의 마음을 돌릴 수는 없었다. 이에 쑨취안은 간쩌甘澤(감택)의 천거로 루쉰陸遜(육손)을 대도독에 임명했으나, 장수들은 그가 서생 출신이라 하여 마음으로 복종하지 않았다. 루쉰은 샤오팅에서 약 6개월 동안 별다른 전투 없이 대치 상태를 이어 갔다. 이런 장기전에서는 원정군이 불리하게 마련이다. 촉의 군대는 이미 오의 경내로 깊이 들어와 있는 상태라 보급에 문제가 있었고, 때는 한여름이라 군사들은 무더위에 시달리고 있었다.

류베이는 무더위를 피하기 위해 수군을 상륙시키고 군영을 깊은 산속으로 옮기게 했다. 그러면서 촉의 진영은 자연스럽게 거의 100리

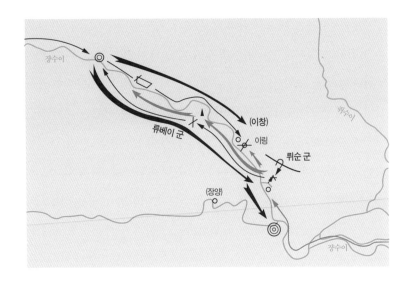

이릉대전

에 달하는 일자형 영채를 꾸리게 되어 병력이 분산되었다. 애당초 촉의 군대가 수군과 육군을 총동원해 오를 압박했을 때 쑨취안이 가장 걱정했던 것이 강과 육지로 동시에 공격해 오는 것이었다. 루쉰은 이제 때가 왔다고 생각해 쑨취안에게 이제 수세를 벗어나 반격할 때가 되었다고 보고했다. 처음 공격은 실패했으나 루쉰은 촉의 군대의 약점을 찾아냈다. 그것은 촉군이 산속에 영채를 세워 화공에 약하다는 점이었다. 오나라 군사들은 한밤중에 촉군 진영을 급습해 영채에 불을 놓았다. 촉군은 여지없이 무너져 내렸고, 류베이는 겨우 탈출해 바이디청에 이르렀다. 이것은 류베이 일생에서 최악이자 최후의 전투였다.

바이디청으로 후퇴한 류베이는 치욕과 울화에 병이 들었다. 이에 자신의 죽음을 예감한 류베이는 주거량을 불러 후사를 부탁하고, 223년 세상을 떠났다.

장무 3년(223년) 봄, 류베이는 영안궁에서 병이 위독해지자 청두에 있는 주거량을 불러 후사를 부탁하며 말했다. "그대의 재주는 차오피보다 열 배나 뛰어나니 반드시 나라를 안정시키고 대사를 이룰 수 있을 것이오. 만약 내 아들이 도와줄만 하면 돕고, 만일 재주가 모자라거든 그대가 스스로 촉의 주인이 되어 주시오."

주거량이 울면서 말하였다.

"신이 고굉股肱의 힘을 다하여 죽을 때까지 충정의 절개를 다하겠나이다."

류베이는 후주에게 조칙을 내려 말하였다.

탁고托孤

류베이가 죽고 그 아들 류찬이 즉위하자 주거량은 오와 화평을 맺고 먼저 나라의 힘을 기르는 한편 남방의 이민족들을 정복하여 후환을 없앤 뒤 위나라 정벌에 나섰다. 비옥한 땅을 근거지로 했다고는 하나 지역이 워낙 협소하다 보니 촉은 항상 삼국 가운데 국력이 가장 약했다. 그런 촉나라가 위나라를 몇 차례에 걸쳐 정벌했던 것은 약한 나라의 입장에서는 공격이 오히려 최선의 방어책일 수 있었기 때문이었다. 228년 주거량은 유명한 「출사표出師表」를 후주인 류찬에게 올리고 치산을 공격했다. 이후 3년간 여러 차례 출병을 했으나, 모두 군량 부족으로 지탱하지 못하고 철수했다. 이 전쟁 동안 주거량은 탁월한 군사 역량을 발휘했으나, 결국 중원 정벌의 뜻을 이루지 못하고 234년 우장위안五丈原(오장원)에서 병사했다.

삼국시대에는 수많은 전투가 벌어졌으나, 그 가운데서도 '관두의 싸움'과 '츠비의 싸움' 그리고 '이링의 싸움'은 각각의 시기를 획하는 큰 의미가 있는 전투였다. 암중모색을 꾀하며 야심을 키워 오던 차오차오가 중원을 재패할 기반을 마련한 것이 '관두의 싸움'이라면, 위·오·촉 삼국정립의 대세가 결정된 것이 '츠비의 싸움'이었고, 그 과정을 거쳐 형성된 세 나라의 세력 균형이 깨져 파국으로 치닫게 된 계기가 '이링의 싸움'이었다. 이제 삼국시대는 바야흐로 종말을 고하고 새로운 통일의 시간이 다가왔으나 그 시간 역시 그리 길지 않았으니, 중원은 또

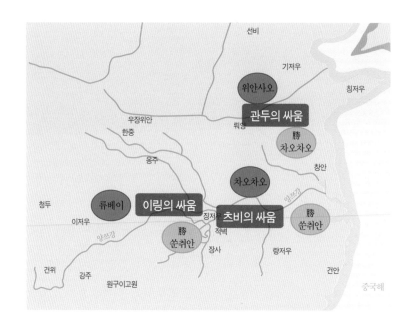

삼국지 삼대전

다른 분열의 시대를 맞게 된다.

소설『삼국연의』는 다음과 같은 말로 시작한다.

"천하의 대세는 분열된 상태가 오래되면 반드시 통일이 되고, 통일된 상
태가 오래되면 반드시 분열하게 된다. 天下大勢, 分久必合, 合久必分."

그리고 소설의 마지막 부분은 앞서의 언급이 다시 반복된다. 이번
에는 그 반대로 말이다.

"천하의 대세는 통일된 상태가 오래되면 반드시 분열할 것이요, 분열된
상태가 오래 되면 반드시 통일될 것이다. 天下大勢, 合久必分, 分久必合."

중국의 역사 공간을 확장시킨

페이수이의 전투

천하는 다시 대혼란의 시기로

천하의 패권을 두고 위·오·촉 삼국이 벌인 치열한 싸움의 승자는 엉뚱하게도 쓰마씨의 진晉나라였다(이후의 동진과 구분하기 위해 이하 서진이라 칭함). 그러나 서진의 세상은 그리 오래가지 못했다. 진 무제 쓰마옌司馬炎 (사마염, 236~290년)은 사치와 호색에 빠져 정사를 제대로 돌보지 않았다. 창업 이후 수성의 기틀을 좀 더 확고히 다졌어야 했는데, 너무 일찍 샴페인을 터뜨린 것이다. 주색에 빠져 살던 진 무제가 죽고 난 뒤 서진은 빠르게 몰락의 길로 접어들었다. 그 결정타가 된 것이 왕족끼리 서로 죽고 죽이는 중국 역사상 최대의 막장 드라마라 할 수 있는 '팔왕의 난'(291~306년)이었다.

'팔왕의 난'이 거의 끝나갈 무렵 진흙탕 싸움에 연루되어 중원에 진출해 있던 흉노의 우두머리 류위안劉淵(유연)이 304년 일찍이 남선우南單于의 근거지였던 쭤궈청左國城(좌국성, 지금의 산시성山西省 리스현離石縣(이석현) 동북)에서 한왕漢王을 칭하고 자립하였다. 이것이 이후에 중원을 무대로 펼쳐질 대혼란의 시기인 '오호십육국'의 시작이었다. 이때는 아직 팔

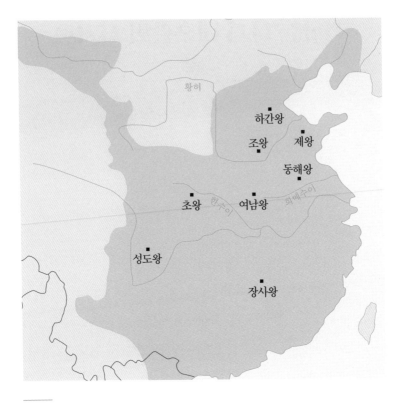

황허

하간왕

조왕   제왕

동해왕

초왕 한수이 여남왕 화이수이

성도왕

장사왕

팔왕의 난

왕의 난이 끝나지 않은 상황이라 이런 혼란기를 틈타 류위안이 빠른 시일 내에 국세를 확장할 수 있었다. 팔왕의 난은 회제懷帝(307~311년 재위)가 즉위하면서 끝이 났으나, 북방 호족胡族들의 침입은 계속되었다. 308년 10월에 류위안은 칭제하고 핑양平陽[평양, 지금의 산시성山西省 린펀臨汾(임분) 서남]으로 도읍을 옮겼다.

310년 류위안이 죽은 뒤 장자인 류허劉和(유화)가 그 자리를 이었으나 곧 넷째 아들 류충劉聰(유총)이 류허를 죽이고 자립했다. 류충은 일족인 류야오劉曜(유요)와 갈족羯族인 스러石勒(석륵)을 보내 서진의 군현을 차례로 함락시키며 수도인 뤄양을 압박했다. 당시 서진의 실력자였던 동해왕 쓰마웨司馬越(사마월)가 뤄양을 구하기 위해 뤄양의 동남쪽 쉬창許昌(허창)에 주둔했으나, 서진의 회제는 오히려 쓰마웨가 멋대로 군사를 동원했다고 그를 토벌하라는 밀조를 내렸다. 이 소식에 쓰마웨는 분통이 터져 급사했다. 이렇듯 서진의 조정이 혼란한 틈을 타 스러의 군사들은 311년 뤄양을 함락시키고 회제를 포로로 잡았다. 이것을 '영가의 난'이라 한다. 이로써 서진은 명목만 남은 왕조가 되어 그 명운이 바람 앞의 등불 신세가 되어 버렸다.

313년 회제가 독살되자 진왕秦王 쓰마예司馬鄴(사마업)가 즉위해 서진의 마지막 황제인 민제愍帝(313~316년 재위)가 되었다. 그러나 316년 류야오의 군대가 창안을 공략하자 식량이 다 떨어져 어쩔 수 없는 상황에서 민제가 투항했다. 민제마저 포로로 잡히자 그다음 해에 젠예建業(건업)을 지키고 있던 서진의 종실인 낭야왕琅琊王 쓰마루이司馬睿(사마예)가 신하들에게 옹립되어 진왕晉王이 되었다. 그리고 317년 민제가 핑양

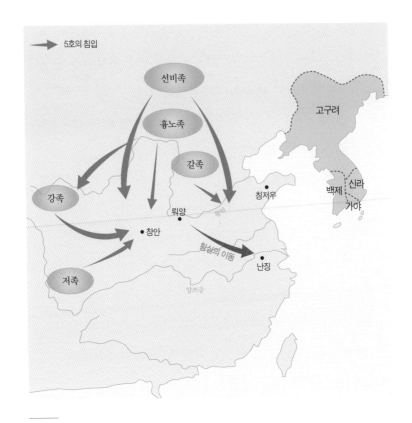

오호의 침입

에서 시해 당하자 쓰마루이는 제위에 올라 원제元帝(317~323년 재위)가 되었다. 이렇게 하여 서진은 무제가 개국한 뒤 네 황제의 51년 역사(266~316년)를 뒤로 하고 역사 속으로 사라지고 동진이 그 명맥을 잇게 되었다.

그 뒤 중원은 북방의 다섯 오랑캐 부족인 '오호五胡'가 세운 16개 나라가 각축을 벌이는 난장판이 되어 버렸다. 한바탕 이합집산이 일어난 뒤에 선비鮮卑족 무룽慕容(모용)씨가 동쪽 지역에 전연前燕을 세우고, 서쪽 지역에는 저氐족이 전진前秦을 세우고, 선비족 퉈바拓跋(탁발)씨는 전량前涼을 세워 천하를 삼분했다. 이 가운데 전진은 푸젠苻健(부건)이 351년 창안을 점령한 뒤 세운 나라로 355년 푸젠이 죽자 그 아들 푸성苻生(부생)이 계위했으나, 357년에 푸성의 당제堂弟인 푸젠苻堅(부건)이 그를 죽이고 자립했다. 푸젠은 가혹한 세금을 일부 없앴으며, 위진 이래의 사족士族들의 특권을 회복시키는 등 잇단 개혁책으로 나라를 안정시켰다. 그리고 한족 빈민 출신인 왕멍王猛(왕맹)을 중용해 농상農桑을 권장하고 유학을 제창하여 국력이 크게 강해졌다. 푸젠은 '혼일사해混一四海'라 하여 천하통일의 야망을 품고 있었다. 계책에 뛰어났던 왕멍은 전진의 군사를 이끌고 전연과 전량을 치고 동진으로부터 량저우梁州(양주, 오늘날 산시성陝西省 남부 지역)와 이저우(오늘날 쓰촨성)를 탈취해, 서역의 여러 나라를 자신의 세력 아래 둠으로써 376년 화북 전역을 통일할 수 있었다.

전진의 계몽 군주 푸젠은 한족 지식인 못지않은 교양을 갖추었고, 나라를 잘 다스려 백성들로부터 신망이 두터웠다. 어떤 면에서 그는 철저한 이상주의자라 할 수 있다. 자신에게 귀순한 자에게는 한없는

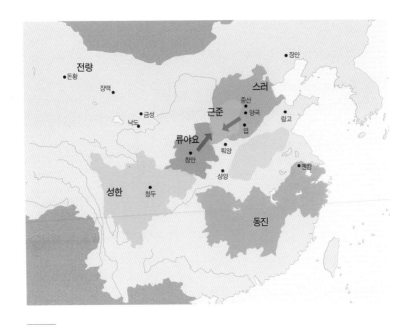

서진 멸망

자비를 베풀고 중요한 직책을 맡겼다. 그는 자신이 이런 식으로 은혜를 베풀어 상대방을 감동시키면 그들 역시 다른 마음을 먹지 않고 귀순할 것이라 생각했다. 주변국들을 공격해 멸망시킬 때에도 그 나라의 군신에 대해 모두 관작을 수여하고 자신들의 땅을 원래대로 다스리게 해 선비족鮮卑族 같은 경우는 나라가 망했음에도 오히려 이전보다 세력이 커졌다. 북방을 어지간히 평정한 뒤 푸젠의 시선은 자연스럽게 남쪽을 향했다. 중국의 전통적인 '왕도' 사상을 갖고 있던 푸젠은 동진이 왕도를 제대로 펴지 못하고 있다고 생각해 남침을 적극적으로 도모했다. 378년 푸젠을 도와 북방 통일에 큰 공을 세웠던 왕멍이 죽었다. 왕멍은 죽기 전에 푸젠에게 중원 땅의 정통은 동진에 있고, 동진은 국내가 안정되어 있어 정복하기 어려우며, 선비나 서강西羌과 같은 부족들은 '심복지환心腹之患'이니 반드시 제거해야 한다고 충언했다. 하지만 푸젠은 그의 말을 별로 귀담아 듣지 않았다.

한편 동진의 원제가 창쟝 이남 지역에서 세력을 키우고 나라를 세울 수 있었던 데에는 명문 귀족 출신이었던 왕다오王導(왕도)와 왕둔王敦(왕둔)의 공이 컸다. 두 사람은 랑예琅琊[낭야, 지금의 산둥성 린이현臨沂縣(임기현) 북쪽] 출신으로 사촌 형제간이었다. 원제는 그들을 신임해 왕다오에게는 정사를 맡기고 왕둔에게는 군사를 맡겼다. 하지만 점차 왕씨 형제의 세력이 커지자 도량이 크지 못한 원제는 그들을 의심하기 시작했다. 319년에 왕둔은 징저우 자사가 되었다. 징저우는 삼국시대에도 세 나라가 서로 차지하려고 총력을 기울여 패권을 다투었던 전략적인 요충지였다. 원제는 그를 견제하기 위해 류웨이劉隗(유외) 등을 등용해 화이인淮陰[회음, 지금의 장쑤성江蘇省(강소성) 화이인현淮陰縣(회음현) 동남] 등지에 보내 경사京師를 지키게 했다. 322년 과연 왕둔이 류웨이 토벌을 명분으로 내걸고 반란을 일으켰다. 파죽지세로 쳐들어가 수도 젠캉建康[건강, 지금의 난징南京(남경)]을 공략하자 원제는 울분을 못 이겨 사망했다. 태자인 쓰마사오司馬紹(사마소)가 계위해 명제明帝가 되었다. 원래 무공이 뛰어났던 명제는 신하들과 왕둔 토벌을 도모했다. 324년 왕둔이 중병이 들자 명제는 군사를 일으켜 왕둔 토벌에 나섰다. 병 때문에 군사를 직접 이끌지 못했던 왕둔은 자신의 형인 왕한王含(왕함)을 원수로 삼고 대적하게 했으나 전투에 패하고는 곧 죽었다. 그가 죽은 뒤 왕한 등까지 모두 죽자 왕둔의 반란은 평정되었다.

왕둔은 반란을 일으켰으나 왕다오는 여전히 동진에 충성을 다해 그 뒤에도 중용되었다. 325년 명제가 죽고 성제成帝가 즉위했다. 327년 쑤쥔蘇峻(소준) 등이 다시 반란을 일으켜 수도를 함락시킨 뒤 조정을 좌지우지했지만 329년 토벌군에 의해 그가 죽고 난 뒤 반란은 이내 평정되었다. 동진은 남쪽으로 쫓겨 온 이래로 군신 간에 항상 옛 땅을 되찾겠다는 의지가 충만했으나 잇단 반란 등으로 그것을 실행할 여력이 없었다. 환원桓溫(환온)이 세력을 키운 뒤 북벌을 실행에 옮겨 몇 차례 승패가 있었으나 결국 실패한 뒤 오히려 수도에 들어와 멋대로 황제를 바꾸는 등 정사를 농단하다가 나중에 병사했다.

환원이 죽은 뒤에는 셰안謝安(사안) 등이 조정의 실권을 잡았다. 셰안은 자신의 형의 아들인 셰쉬안謝玄(사현)을 옌저우 자사로 삼아 광링廣陵[광릉, 지금의 장쑤성 양저우(揚州, 양주)]에 주둔케 했다. 귀족 세력이 득세했던 동진은 정규군보다 이들 귀족이 사적으로 보유하고 있던 군대가 주력 군이었다. 그중 가장 유명했던 것이 바로 셰쉬안이 광링에 군부를 열고 북방에서 피난 내려온 젊은이들을 훈련시켜 조직한 '북부병北府兵'이었다. 동진은 중앙의 군사들도 육성해 점차 안정을 찾아갔다. 북방의 전진이 힘을 키우던 순간에 동진 역시 이에 대한 대비를 게을리하지 않았던 것이다.

남과 북의 대전

북방을 완전히 통일한 전진의 푸젠은 모든 준비를 마쳤다고 생각해 동진 정벌을 결심했다. 본래 호족 출신인 푸젠에게는 종족적 콤플렉스가 있었다. 중국 역사에서 중원을 불안에 떨게 했던 북방 이민족들에게는 문화적인 면에서 일종의 열등감이 있었으니, 그것은 호족 출신들은 절대 중국 통일 왕조의 천자가 될 수 없다는 생각이었다. 푸젠은 이런 콤플렉스를 극복하기 위해 동진을 정벌해 천하를 통일하려는 꿈을 펼쳐 보였던 것이다. 382년 푸젠은 자신의 뜻을 신하들에게 알리고 정벌을 준비하라 일렀으나 모든 신하가 이에 반대했다. 찬성한 것은 이전에 적대 세력이었다가 전진에 귀화한 뒤 내심 재기를 노리는 무룽추이慕容垂(모용수)와 강족 출신 야오창姚萇(요장)과 같은 자들뿐이었다. 무룽추이는 선비족인 무룽씨의 척족으로 앞서 무룽핑慕容評(모용평)과 공을 다투다 불화해 아들과 함께 전진으로 귀순한 인물이었다. 푸젠은 이들 부자를 받아들여 수도의 행정과 치안을 담당하는 경조윤京兆尹에 임명했다. 나중에 전연前燕을 멸망시킨 뒤에는 무룽씨 일족 모두를 거두어 그들에게 벼슬을 주었다.

　383년 많은 신하의 반대에도 불구하고 푸젠은 90만 대군을 일으켜 동진 정벌에 나섰다. 동진은 세안의 동생인 셰스謝石(사석)를 총사령관으로 삼아 셰쉬안과 함께 8만 명의 군사로 전진의 군사를 맞서 싸우게 했다. 전진 군대의 위세에 동진은 나라 전체가 동요했으나 세안은 이를 안정시키는 데 힘을 기울였다. 전진의 군사는 남하를 개시해 10월에 먼저 선봉인 푸룽苻融(부융, 푸젠의 친동생) 등이 25만 명의 군사를 이끌고 화이허淮河(회하) 중류의 서우춘壽春[수춘, 지금의 안후이성安徽省(안휘성) 서우현壽縣(수현)]을 함락시켰다. 이후 푸젠은 주력을 배후에 남겨둔 채 경기병 8천만 명을 이끌고 서우춘으로 향했다. 이때 이전에 포로로 잡았던 동진의 장수 주쉬朱序(주서)를 셰스에게 보내 항복을 권했는데, 주쉬는 암암리에 전진 군의 상황을 셰스에게 알리면서 전진의 군사들이 모두 집결하기 전에 먼저 공격하라고 일렀다. 11월 셰쉬안이 부하 장수인 류라오즈劉牢之(유뢰지)에게 정병 5천을 이끌고 전진 군을 기습하게 해 큰 승리를 거두었다. 동진 군의 주력이 이 여세를 몰아 서진하자 전진 군은 남에서 화이허로 흘러 들어가는 페이수이淝水(비수)를 따라 25만의 병력을 배치했다.

　이 '페이수이의 전쟁'은 삼국시대 초기 '관두의 전쟁'과 함께 수적으로 열세인 약한 군대가 군사가 많고 강한 군대를 이긴 전쟁으로 잘 알려져 있다. 동진의 셰쉬안은 전진의 군대가 아직 전열을 가다듬지 않은 것을 간파하고, 야간에 군사를 풀어 아무런 대처도 하지 않고 있던 전진의 군사 5만 명을 궤멸시켰다. 어떻게 보면 이것으로 전투는 끝

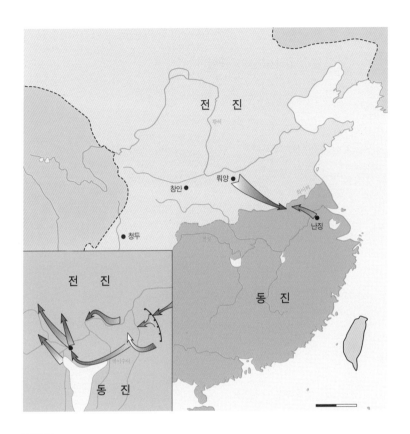

동진과 전진 형세도

난 거나 다름없었으니, 동진 군은 이 승리를 계기로 강변을 따라 군진을 배치하고 본군을 신속하게 불렀다.

> "동진과 전진 두 진영은 페이수이를 사이에 두고 포진했다. 세쉬안은 푸룽에게 서로 이렇게 대치하고 있으면서 시간만 끌 것이 아니라 전진 군대를 뒤로 약간 철수시킨다면 동진 군도 페이수이를 건너게 할 것이니 그런 후에 한판 붙어 결판을 내자고 제의했다. 푸젠은 병사의 수도 많았기 때문에 동진 군이 페이수이를 건너는 중간에 일거에 전멸시킬 요량으로 세쉬안의 제의를 따라 철수할 것을 명령했다. 후퇴를 진행하자 주쉬와 그 부하들이 전진 군이 건너편에서 패했다고 선동했다. 그러자 전진 군의 전열이 갑자기 흐트러지면서 질서를 잃고 말았다. 반대로 동진 군은 그 틈을 타 강을 건너 전진 군을 무찌르니 그 시체가 들판에 가득하고 피가 강을 이루었다. 도망가는 전진 병사들은 '바람 소리와 학 우는 소리'를 동진 병사들이 뒤쫓아 오는 것으로 여겼다. 푸룽은 이 전투에서 피살되고 푸젠은 어깨에 화살을 맞아 부상당한 몸으로 창안으로 말머리를 돌릴 수밖에 없었다. 출병할 당시 100만 명의 군대는 겨우 10만 명이 남았을 뿐이다."43

전진 군은 수적으로는 우세했지만, 막상 뚜껑을 열어 보니 오합지졸에 불과했다. 그런 상황에서 수적 우세를 지켜내지 못하고 병력을 분산한 것이 첫 번째 실책이었다. 본진이 도착하기 전에 동진 군과 맞서 싸운 것은 푸룽이 이끄는 선발대뿐이었다. 그리고 푸젠 자신이 동

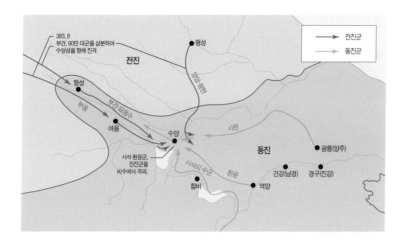

페이수이 전투

진 군의 의도를 헤아리지 못하고 섣불리 후퇴 명령을 내린 것도 문제였다. 아울러 싸움에 임하는 마음가짐에서도 양군은 차이가 났다. 동진 군의 주력인 북부병은 대부분 북쪽에서 내려온 유민 출신이라 나라의 명운을 걸고 죽을힘을 다해 싸움에 임했던 데 비해 전진의 군대는 전쟁을 위해 여러 부족에서 군사를 징집해 처음부터 분열되어 있었고, 적극적으로 전쟁에 임하려 하지도 않았다.

푸젠의 불행은 이걸로 끝나지 않았다. 그는 원래 자신의 관인대도한 면모를 과시하기 위해 항복한 적의 장수들도 가리지 않고 관직을 주고 자기 사람으로 받아들였다. 하지만 현실은 그리 녹록하지 않았으니, 세상에는 면종복배面從腹背하고 구밀복검口蜜腹劍하는 자가 얼마나 많은가? 사람을 믿을 때는 항상 그 뒷감당을 할 수 있을 정도여야 하는데, 푸젠은 그 정도가 지나친 감이 있었다. 아울러 일이 잘 풀려 잘 나갈 때는 아무 문제 없지만, 어려움에 처하게 되면 그 사람의 본색이 드러나는 경우가 많다. 앞서 푸젠의 동진 정벌을 홀로 찬성했던 무룽추이가 그랬다. 부족 내부의 갈등으로 전진에 귀순했지만, 그의 속셈은 언제라도 자립할 뜻을 갖고 있었다. 원래는 페이수이의 전투에서 전진이 패배했을 때 푸젠을 배반하고 자립하려고 했으나 평소 자신에게 호의를 베풀었던 푸젠을 일거에 떨치고 갈 수 없어 함께 후퇴하였다. 그러나 결국 오래지 않아 반란을 일으켜 자립해서는 연왕燕王을 자처했다.

이때 같은 무룽씨의 일족으로 16국 가운데 하나인 전연前燕의 마지막 황제였던 무룽웨이慕容暐(모용위)의 동생인 무룽홍慕容泓(모용홍)이 선비족 수천 명을 모아 화인華陰[화음, 지금의 산시성陝西省 화인현華陰縣(화음현) 동남]에 주둔하고 있었다. 그리고 무룽웨이의 또 다른 동생인 무룽충慕容沖(모용충)도 군대를 모아 무룽훙과 함께 거병하여 창안을 공격했다. 무룽훙이 처음 군사를 일으켰을 때 푸젠은 자신의 아들인 푸루이苻叡(부예)를 보내 토벌케 했다. 이때 푸루이는 야오창을 부장副將으로 삼았는데, 야오창 역시 무룽추이와 마찬가지로 전진에 항복한 뒤 푸젠의 신임을 받았던 자였다. 푸루이가 무룽훙에게 패해 살해되자 야오창 역시 본색을 드러내고 웨이수이 북쪽으로 도망쳐 진왕秦王을 자처했다.

385년 무룽충이 창안을 포위하고 거듭 공격하자 성안에 기근이 들었다. 더 이상 견디지 못한 푸젠은 태자인 푸훙苻宏(부굉)에게 성안의 수비를 맡기고 자신은 수백 기를 이끌고 우쟝산五將山[오장산, 지금의 산시성陝西省 치산현岐山縣(기산현) 동북]으로 도망쳤다. 그러나 푸훙마저 창안을 탈출하니 비로소 무룽충은 창안을 함락시켰다. 우쟝산으로 도망친 푸젠은 그곳에서 야오창에게 사로잡혔다. 이전의 정리가 남아 있는지라 차마 푸젠을 직접 볼 낯이 없었던 야오창은 부하를 시켜 푸젠에게 옥새를 내놓을 것을 요구했다. 그러나 푸젠은 일언지하에 거부했고 결국 살해되었으니, 페이수이의 전쟁이 끝난 지 꼭 2년 후의 일이다.[44] 이후 전진은 와해되고 북방은 여러 유목 부족이 할거하는 혼란스러운 국면이 한동안 유지되었다. 그리하여 더 이상 남진을 수행할 수 없는 상황이 지속되었다.

동진 역시 페이수이의 전쟁 이후 잠시 북방 호족의 위협에서 벗어났으나 나라의 버팀목이 되어 주었던 셰안과 셰쉬안이 죽은 뒤로는 다시 혼란해졌다. 동진은 화북에서 이주한 귀족들과 강남의 토착 귀족들의 연합으로 유지되었는데, 이들은 "문벌에 따라 고관과 청직淸職을 독점했고, 휘하의 백성에게 과역을 감면시켜 주는 등의 특권을 누렸다".[45] 아울러 이들 문벌 귀족들은 끊임없는 권력 투쟁을 벌여 동진 사회는 하루도 편할 날이 없었다. 권력 투쟁은 단순히 조정에서의 암투로 끝난 것이 아니라 무력을 동원한 내전 양상으로까지 확대되었다. 당시 동진 군의 주력은 북부병과 같은 북방에서 이주해 온 유민 집단이었다. 결국 동진을 멸망시킨 것은 바로 북부병 출신으로 입신양명했던 류위劉裕(유유)였다.

페이수이의 전투 이후 남북은 어느 쪽도 상대방을 압도할 만한 힘을 갖지 못하는 상황에 놓이면서, 589년에 수 문제 양젠楊堅(양견)이 천하를 통일할 때까지 206년 동안 교착 상태에 빠지게 된다. "이 200여 년 동안 남북 양쪽은 항상 화이난淮南(회남) 지역을 제외한 후베이의 샹양 일대에서 전투를 벌였다. 북쪽 사람들의 기병 전술도 여기에 이르면 효력을 잃었다. 남쪽은 수군이 능했는데, 이는 전장에서의 주동적인 지위를 가졌을 뿐만 아니라, 병력을 배로 이동시켜 장교와 사병이 행군하는 수고를 없앴으며, 양식을 신속히 운반하는 효과도 있었다. 그러나 이 모든 장점을 북진에는 사용할 수 없었다는 점이 문제였다." 그래서 "동진 군은 유례없는 큰 승리를 얻었으면서도, 이러한 전과를 확대시키지 못한 채 창장의 왼쪽 땅에 치우쳐서 만족하며 편안히 지냈다".[46]

중원을 넘어서

중국의 역사는 분열과 통일을 반복하면서 지리적 공간이 점차 확대되었다. 초기에 황허 이남과 창쟝 이북에 국한되었던 이른바 중원 위주의 중국 문명이 사방으로 확장되었던 것이다. 그 가운데서도 창쟝 이남 지역은 매우 큰 의미가 있다. 이곳은 창쟝 유역의 비옥한 토지로 인해 곡창 지대를 이루어 근대 이전뿐 아니라 현대에도 중국 경제의 중심지가 된 곳이다. 하지만 창쟝 이남 지역은 본래 중화 문명에 포섭되지 않은 '이적夷狄', 그중에서도 '남만南蠻'의 땅이었다. 춘추전국시대에는 '초楚'와 '오吳', '월越'이 그곳에 터를 잡고 있었지만, 중원의 제후국들로부터 오랑캐 취급을 받았다. 그러던 남방 지역이 중원 지역에 살던 한인의 주목을 받은 계기가 된 사건이 바로 앞서 언급한 바 있는 '영가의 난'이다. 311년 흉노족 출신 류위안의 아들 류충이 뤄양을 함락시킨 뒤 서진 왕조는 몰락하고 한족 유민들은 뿔뿔이 흩어져 목숨을 부지하기 위해 창쟝을 건너 새로운 근거지를 찾아 나섰던 것이다.

"'영가의 난'이 중국 역사에 끼친 영향은 실로 다대하다. 만약 이 시대와 같은 호족의 중원 침입이 없었다고 가정한다면, 오늘날의 중국은 북중국으로 한정되어 있을지도 모를 일이기 때문이다. 그도 그럴 것이 이 사건 이전 중국의 남북 사이에는 지리·자연·인문상에서 너무나 큰 차이가 있었다. 그러나 호족의 침입은 중원 지역에서 한족을 남방으로 밀어냈고, 밀려 난 한족은 남방에서 다시 새로운 '중국'을 건설했다. 이로써 남중국이 명실공히 중국의 강역으로 들어와 자리 잡게 된 것이다. '영가의 난'은 단순한 하나의 반란이 아니라 한인 남진의 추동력이 되었다."[47]

이전까지는 역사의 무대가 중원에 한정되어 있었고, 지역을 구분하는 것은 화산華山(화산)과 타이항산 같은 큰 산이나 한구관函谷關(함곡관) 같은 관문이었다. 그래서 관동關東과 관서關西, 산둥과 산서山西 같은 동서 구분이 의미를 가졌고, 남북을 구분하는 것은 별 다른 의미가 없었다. 그러나 한인들이 창장 이남, 강남 지역으로 대거 이주하고 터를 잡고 살기 시작한 뒤로는 상황이 바뀌어 중원을 지칭하는 화북과 강남의 구분이 생겨나게 되었다. 물론 그 이전 시기에도 남북의 구분이 전혀 없었던 것은 아니다. 일찍이 쿵쯔는 제자인 쯔루子路(자로)의 질문에 대해 다음과 같은 말을 남긴 바 있다.

쯔루가 강함에 대해 물으니 쿵쯔가 말했다.
"남방의 강함을 말하는가 아니면 북방의 강함을 말하는가? 그렇지 않으면 이녁의 강함인가? 너그러움과 부드러움으로써 가르치고 무도함에 대해 보복하지 않는 것은 남방의 강함인데, 군자들이 그렇게 처신한다.

무기와 갑옷을 깔고 죽는 한이 있더라도 거리낌이 없는 것은 북방의 강

함인데, 강포한 자들이 그렇게 처신한다.

- 『중용中庸』

그러나 여기에서 쿵쯔가 말하는 남북은 결국 중원 땅을 기준으로 가른 것일 뿐 후대에 남북을 구분하는 것과는 차이가 있다.

북방 유목민족의 남하와 한인들의 강남 이주는 단순히 지리적인 공간의 확장만 의미하는 게 아니라 종족 간의 혼혈과 문화적 융합을 야기했다. 중원 땅의 경우 '영가의 난' 이후에도 피난을 가지 못한 한인들과 북방의 유목민족들은 서로 충돌하고 질시하는 가운데 점차 영향을 주고받으며 공존을 모색해 나갔다. 강남도 마찬가지여서 북에서 내려온 한인들 역시 토착민들과의 갈등을 피할 수 없었다. 북에서 내려온 한인들을 '교민僑民'이라 부르고, 토착 세력을 '구민舊民'이라 부르는데, 이들 사이의 갈등을 '교구' 갈등이라 한다.[48] 그러나 북방이든 남방이든 세월이 가면서 점차적으로 그러한 갈등과 반목은 줄어들고 새로운 혼종 문화가 생겨났다. 북방의 유목민족이 세운 나라들은 적극적인 '한화漢化' 정책으로 자신들의 본래 색채를 지워 나갔고, 남쪽에 내려간 한인들은 자신들의 우월한 중원의 문명을 현지에 이식했다.

이와 같이 북방의 유목민족과 중원의 농경민족 간의 인종적, 문화적 결합이 서서히 진행되었다. 역사가들은 이것을 '호한胡漢 체제'의 성립이라 부른다. 그때까지 지리적으로는 황허 이남과 창장 이북에 걸쳐

있는 중원 지역을 중심으로, 인종적으로는 한족 중심으로 전개되었던 중국 역사가 공간적으로 창장 이남으로 확장되고 유목민족과 한족의 혼혈이 이루어지면서 역사가 새로운 국면으로 접어들었던 것이다. 그런 의미에서 보자면, 앞서의 "서진 왕조의 멸망은 단순히 일개 왕조의 멸망만을 의미하는 것이 아니"라, "한족 단일 왕조의 종언"이라 할 수 있고, 그 이후로 "중국에 한족 독패獨霸의 시대는 다시 돌아오지 않았다". 한마디로 "이 시대 이후 중국 왕조사는 한족과 호족, 즉 호한의 교체 혹은 호한의 공치共治의 역사"[49]였던 것이다. 과연 그 이후 순수하게 한족 중심의 왕조가 중원 땅에 세워진 것은 송宋과 명 두 왕조밖에 없었고, 위진남북조 이후 나타난 수隋나 당을 비롯해 요遼, 금金, 원元, 청淸 등은 모두 북방 이민족 계열의 민족이 세운 왕조였다.

같은 맥락에서 레이하이쭝雷海宗(뇌해종)이라는 역사학자는 페이수이의 전쟁이 일어난 383년이야말로 중국 역사를 양분하는 그야말로 획기적인 의미가 있다고 주장했다. 그에 따르면, 중국 역사의 제1분기는 역사의 시초부터 383년 페이수이의 전쟁까지로 대체로 순수한 화하족華夏族이 문화를 창조 발전시킨 시기이고, 제2분기는 383년부터 오늘날에 이르는 시기다. 제1분기는 외래의 혈통과 문화가 중요한 역할을 하지 못한 시기로 '고전적 중국'이라 칭할 수 있으며, 제2분기는 북방의 호족이 누차 중국에 침입하고 인도의 불교가 중국 문화에 심각한 영향을 준 시기로, 중국인의 혈통과 중국 문화상 커다란 변화가 발생하였다.[50] 레이하이쭝의 이러한 주장은 마치 신채호가 고려시대에 일어났던 '묘청의 난'을 '조선 역사상 1천년 내 제1대 사건'이라 칭했던 것을 연상시킨다.

"서경 전역戰域을 역대의 사가들이 다만 왕사王師가 반적反賊을 친 전역으로 알았을 뿐이었으나, 이는 근시안의 관찰이다. 실상은 이 전역이 낭郞·불佛 양가 대 유가儒家의 싸움이며, 국풍파 대 한학파의 싸움이며, 독립당 대 사대당의 싸움이며, 진취 사상 대 보수 사상의 싸움이니, 묘청은 곧 전자의 대표요, 김부식은 후자의 대표였던 것이다. 이 전역에서 묘청 등이 패하고 김부식이 승리하였으므로 조선의 역사가 사대적·보수적·속박적 사상, 즉 유교 사상에 정복되고 말았거니와, 만일 이와 반대로 김부식이 패하고 묘청 등이 승리하였더라면 조선사가 독립적·진취적 방면으로 진전하였을 것이니, 이 전역을 어찌 '일천년래 제일대사건一千年來第一大事件'이라 하지 아니하랴."

-신채호, 『조선사연구초』

한편 이제 남과 북은 민족 간의 융합으로 각각의 내부적인 갈등은 사라졌지만, 그 이후 화북과 강남의 대립이 새롭게 나타났다. 그런 의미에서 미국에서 활동한 중국인 역사학자 레이 황(황런위黃仁宇, Ray Huang)은 페이수이 전쟁이 "남북조를 장기간 분열시킨 주된 원인이 아니라, 단지 그 분열을 확정 지은 것에 불과"한 것이라 주장한 바 있다.[51] 이후로 남과 북은 수隋가 통일할 때까지 서로 각자도생의 길을 걸어 200여 년간의 남북조시대南北朝時代(386~589년)를 열어 가게 된다. 그 과정을 거치면서 양자의 차이는 더욱 커지게 되었고, 그것이 고착화되어 현재까지 이르고 있다.

공간적으로 거대한 땅덩어리를 가진 중국의 경우 복잡한 지역적 특성과 민족 및 종교로 인한 지역감정이 예로부터 이어져 오고 있는 것은 너무나 당연한 일이다. 그 가운데서도 남과 북의 차이는 유별난 데가 있다. 이를테면 정치의 중심지인 베이징과 경제의 중심지인 상하이 사람들의 상호 인식의 차이가 대표적이다. 베이징 사람들이 상하이 사람들을 돈만 밝히는 쩨쩨한 인간이라고 무시하면, 상하이 사람들은 베이징 사람이 가진 것도 없으면서 허세만 부린다고 되받아친다. 이런 지역 감정의 역사가 남북조까지 거슬러 올라간다고 하면 지나친 말일까?

황제가 포로로 잡힌 치욕의 역사,

투무의 변

환관과 외척의 발호

중국 역사에서 환관과 외척은 권력의 정점에서 국정을 농단하는 경우가 많았다. 특히 환관은 황제의 최측근으로서 주로 왕조 말기 혼용昏庸한 군주를 등에 업고 사리사욕을 채우느라 나라를 망국의 길로 들어서게 했다. 여러 왕조 가운데서도 환관이 특히 득세했던 것은 한漢과 당 그리고 명 이렇게 세 왕조였다. 앞서 5장에서도 살펴본 바와 같이 한은 환관이 발호하게 된 최초의 사례라고 할 수 있는데, 특히 후한 대에 외척과 환관의 전횡이 극심했다. 후대 왕조의 경우에는 환관과 외척, 두 집단 가운데 하나가 득세하면 다른 한쪽은 힘을 쓰지 못했다. 하지만 한나라의 경우는 최초의 사례라 그런지 두 집단이 번갈아가며 정권을 농단했던 것이 다른 왕조와 다른 점이었다.

명을 건국한 태조 주위안장은 이러한 역대 왕조의 교훈을 거울삼아 환관들의 정치 참여를 절대 허락하지 않았다. 환관이 글을 익히는 것조차 금했고, 환관을 단순히 궁궐 안의 업무를 보조하는 역할에만 종사하게 했다. 이에 그치지 않고 태조는 아예 환관은 정부의 요직에

태조 주위안장

관여할 수 없다는 내용을 새긴 '철비鐵碑'를 세워 후세에 경고했다. 그러나 역설적으로 명 왕조야말로 태조의 뜻과는 반대로 환관들이 조정에서 국정을 농단한 대표적인 왕조가 되었다. 태조 주위안장의 뒤를 이은 것은 황세손인 혜제惠帝 주윈원朱允炆(주윤문)이었다. 혜제의 아비이자 황태자였던 주뱌오朱標(주표)가 병사했기 때문에 어린 나이에 황제의 자리에 오른 혜제는 주변 신하들의 조언에 따라 삼촌들의 세력을 견제했다. 이에 위협을 느낀 연왕燕王 주디朱棣(주체)는 자신의 조카를 제거하고 황제의 자리에 올라 영락제가 되었다.

그런데 영락제가 '정난靖難의 변'을 일으켜 혜제의 세력과 싸움을 벌이고 있을 때, 궁에서 도망쳐 나온 환관의 도움으로 수도인 난징을 함락시킨 적이 있었다. 이때부터 영락제는 환관을 신뢰하게 되어, 태조의 유지를 깨고 환관들의 문자 습득을 허용하는 등 그들에게 정치 참여의 기회를 부여했다. 원래 환관은 내정을 관할하는 이부吏部의 소속이었으나 영락제는 사례감司禮監을 따로 두어 환관을 관할하게 하였다. 일찍이 태조 주위안장은 자신이 백련교도의 반란군에 참여했던 경험을 바탕으로 비밀결사의 위협을 사전에 제거하고자 정보기관인 '금의위錦衣衛'를 만들었다. 영락제는 여기서 한 걸음 더 나아가 금의위 내에 특별 기구로 수도의 안전과 황제에 대한 비밀 정보의 제공을 책임지는 '동창東廠'을 설치하고는 환관들로 하여금 총괄하게 했다. 영락제 자신은 환관들을 적재적소에 부리면서 그들이 분수에 넘는 짓을 하지 못하도록 다잡을 수 있었다. 그러므로 영락제 치세에는 환관들이 멋대로 발호하는 일이 있을 수 없었다. 하지만 나중에 나이 어린 황제가 즉위한 뒤에는 환관들이 나라의 정사를 좌지우지하는 일이 벌어졌다. 그로 인해 문인 학자 출신 관료들과 환관들 사이에는 극렬한 대립이 일어나 명 왕조 멸망의 하나의 원인이 되기도 했다.

명대는 환관의 시대

영락제가 동창을 설치해 환관의 세력이 커졌다고는 하나 아직까지는 큰 권력을 쥐고 나라의 운명을 좌지우지할 정도는 아니었다. 환관이 본격적으로 권력을 장악하고 국정을 농단하게 된 것은 좀더 이후의 일이다. 영락제 사후에 즉위한 인종仁宗이 8개월 만에 사망하고, 곧바로 태자 주잔지朱瞻基(주첨기)가 황제의 자리에 올라 선종宣宗 선덕제宣德帝(재위 기간 1425~1435년)가 되었다. 선덕제의 즉위는 명 왕조가 창업創業의 단계를 지나 수성기守成期에 접어들었다는 것을 의미하는데, 태조 홍무제와 성조 영락제가 닦아 놓은 기틀 위에서 정치는 안정기에 접어들 수 있었다. 선덕제는 즉위하자마자 숙부인 한왕漢王의 반란을 진압해 황제의 권위를 세웠다.

한편 태조 주위안장은 재상을 폐지했는데, 이것은 모든 권력을 황제에게 집중하기 위함이었다. 하지만 그로 인해 황제는 과중한 업무 부담을 질 수밖에 없었다. 영락제는 그런 부담을 줄이기 위해 황제의 비서 겸 고문으로 두었던 내각대학사內閣大學士의 직책을 육부의 상서尙

書들이 맡아 보게 했다. 이렇게 함으로써 실질적으로 내각책임제가 시행되고 재상 제도가 부활하였다. 하지만 영락제는 내각을 소집해 국가 대사를 논의하긴 했어도 장주章奏의 비답批答만은 황제 스스로 하고 다른 사람의 손에 맡기지 않았다. 선덕제 때는 내각에 명하여 묵서墨書로써 의견을 주소奏疏 표면에 붙이게 하여 결재를 얻었는데, 이를 '표의票擬'라고 한다. 만일 황제의 동의가 있으면 즉시 주서朱書로써 표의에 결재를 하였으나 큰일을 당하였을 때는 대신들에게 명하여 의논하도록 했다. 아울러 환관의 최고 관청인 사례감에서 황제를 대신하여 주장奏章을 심사하고 정령을 전달하는 업무를 맡아 보게 하였다. 이렇게 하여 환관들이 정치에 개입할 수 있는 길이 열렸다. 때로는 황제의 측근에 있던 환관이 내각에서 올린 표의에 황제의 의견을 대신 쓰는 과정에서 자신들의 의견을 추가하는 방법으로 정사에 간여하기도 했다.

그래도 선덕제까지는 황제가 조회를 열어 정사를 듣고 큰일이 나면 내각을 소집해 대신들과 의견을 나누었으며, 환관의 관리에도 대단히 엄격해 문제가 생기지 않았다. 문제는 선덕제 이후였다. 내각이 이전의 재상의 지위까지 올라갔다고는 하나 그 권한은 표의하는 정도에 그쳤고, 결정권은 황제에게 있었다. 그런데 선덕제 이후 황제들은 정사를 돌보지 않고 내전에 깊이 틀어 박혀 대신들과 만나지도 않았다. 결국 나랏일은 내각이 표의하고 환관이 황제 대신 결재하는 모양새를 갖추게 되면서 국가의 대권이 점차 환관의 손아귀에 떨어졌다. 제도상의 직책은 궁내에서 각종 의례와 연회, 어사御賜(황제가 아랫사람에게 돈이나 물건을 내리는 일), 서화 등을 관리하는 것에 불과했던 환관들이 실권을 쥐고 각종 이권에 개입하고 국정을 농단하는 일이 벌어졌던 것이다. 내부의 장주는 사례감의 장인掌印 태감이 관리하고, 장주 문서의 비결批決도 병필秉筆 태감과 수당隨堂 태감이 담당했다. 황제의 뜻을 하달할 때도 사례감의 환관을 통해 그들이 항목을 쓴 뒤 내각에 넘겨 초고를 작성하게 하였으니 명대의 사례감은 내각보다 윗길이었다. 그러니 모든 것이 환관들의 뜻에 의해 좌지우지되었고, 내각은 유명무실한 존재가 되어 버렸다. 환관에게 밉보이면 아무리 유능한 신하라도 한직을 면하지 못하고 높은 관직에 오르려면 환관과 손을 잡지 않으면 안 되는 지경에까지 이르렀다.

선덕제가 38살의 비교적 젊은 나이에 세상을 뜨고 아직 9살밖에 되지 않은 영종英宗 정통제正統帝(재위 기간 1435~1449년)가 즉위했다. 정통제 즉위 초에는 선덕제 때부터 황제를 잘 보좌해 온 병부상서 양스치楊士奇(양사기)와 공부상서 양룽楊榮(양영), 예부상서 양푸楊溥(양부)의 '삼양三楊'이 건재했기에 별 다른 문제가 일어나지 않았다. 그러나 태황태후가 세상을 떠나고, 양스치와 양푸가 잇달아 죽은 뒤 양룽마저 노쇠해져, 정통제가 친정을 시작한 뒤부터 환관들이 서서히 두각을 나타내게 되었다. 그중에서도 왕전王振(왕진)은 명대에 최초로 권력을 쥐고 국정을 농단한 환관이었다. 그는 태조 주위안장의 엄명으로 문자를 익히지 못해 문맹이었던 초기 환관과는 달리 영락제 말년에 특별히 허락받은 학관學官 출신으로 지원해 환관이 되었기에 상당한 정도의 학식을 지녔다. 그래서 정통제가 즉위하기 전부터 그의 훈육을 담당했다. 황제의 스승이라는 명목을 앞세워 실권을 쥐고 난 뒤 왕전은 태조가 환관의 정치 참여 금지를 명문화한 '철비'를 제거하고, 자파 세력을 조정의 요직에 앉히는 등 조정의 인사를 통해 정권을 장악했다.

왕전의 위엄은 하늘을 찔렀다. 정통제는 어렸을 적 자신의 스승인 왕전을 '선생'이라 불렀고, 조정의 신하들도 그를 '옹부翁父'라 부르며 그의 비위를 맞췄다. 심지어 나라의 국방을 책임지는 병부상서 쉬시徐晞(서희)가 그에게 무릎을 꿇고 절을 하는 등 그의 눈에서 벗어나지 않으려 노력하는 일까지 벌어질 지경이었다. 또한 왕전은 환관들이 관할하고 있던 비밀 경찰조직인 금의위를 통해 반대파를 색출해 죽이거나 유배를 보냈다. 그뿐 아니라 뇌물을 받고 탐관들을 비호하거나 승진시키는 일도 마다하지 않았다. 왕전의 탐욕은 이에 그치지 않았다. 심복을 변방에 파견해 중요 요새지를 점거한 뒤 둔전을 사사로이 잠식하고 병사들을 둔전 경영에 사역을 시켜, 이를 견디다 못한 병사들이 도망을 가는 일까지 벌어졌다. 명 왕조를 멸망의 길로 들어서게 한 가장 큰 요인 가운데 하나가 바로 환관의 발호였다면, 그 시초는 왕전에게서 비롯되었다고 해도 과언이 아닐 것이다.

오이라트부의 침입과
'투무의 변'

한편 어린 황제가 등극하자 기다렸다는 듯이 사방에서 난이 일어났다. 서남부의 윈난雲南(운남)에서는 7년 동안 난이 이어졌고, 남방의 푸젠福建(복건)에서도 농민 반란이 잇달았다. 이에 왕전은 정통 6년(1441년) 15만의 군사를 일으켜 윈난의 루촨麓川[록천, 지금의 윈난성 텅현騰縣(등현)]을 토벌했다. 그 결과 많은 병마兵馬가 손실되었지만 그럼에도 난은 평정되지 않아 후환을 남겼다. 한편 영락제가 북벌을 한 뒤로는 북쪽의 변방 지역이 상대적으로 평온했다. 당시 몽골의 일파인 오이라트부 역시 여러 부족을 통일해 나가는 과정에서 양측의 군사적인 충돌이 없었기에 명 왕조의 변방 방비가 느슨해졌다. 이를 틈타 중앙의 고관과 권세가들이 둔전을 겸병하고, 변방의 무장들은 병사들을 사사로이 노역에 부리는 일이 많아 둔전은 날로 황폐해졌다.

그 사이 오이라트부의 수령 토곤이 여러 부족을 통일해 나갔고, 그의 사후에는 아들인 에센이 뒤를 이어 세력을 키우는 한편, 동북 지방의 여진족 세계에도 세력을 확대했다. 명에 대해서는 해마다 조공사를 파견해 조공 무역의 이익을 탐했는데, 명 왕조는 다퉁大同(대동)에 마시馬市를 열고 소나 말, 그리고 견포絹布 등과 같은 일상 용품을 교역하게 했다. 처음에는 명 왕조가 조공 사절단의 인원수에 제한을 두지 않았다. 조공 무역의 특성상 명 왕조가 받는 것보다 하사하는 것이 더 많았기에 그 이익을 늘리기 위해 사절단의 규모는 날로 커졌다. 처음에는 50여 명 정도에 지나지 않던 것이 나중에서 2천여 명에 이를 정도였다. 이에 따라 명 조정에서 하사해야 하는 품목도 늘어만 갔다. 이때 조정에서 득세하고 있던 환관 왕전은 금령을 어기고 구리와 철로 만든 화살촉을 비밀리에 수출해 자신은 큰 이익을 얻고 결과적으로 오이라트부의 전력을 높이는 결과를 초래했다.

이 와중에 명 측에서 이익을 늘리기 위해 말의 가격을 내리려고 하자 오이라트부가 반감을 품고 남침을 꾀하였다. 에센은 명 조정 내에 거주하던 오이라트부의 사신들뿐만 아니라 자신들과 내통하던 명의 관리들을 통해 명의 변방의 허실과 동정을 파악하고 있었다. 사실상 에센의 남하 기도는 정통 8년(1443년)과 9년 전후로 거슬러 올라간다. 하지만 당시에는 싱안링興安嶺(흥안령) 일대의 우량하兀良哈(올량합)와 여진이 아직 정복되지 않았기에 오이라트부 내부의 의견이 통일되지 않아 거병할 수 없었다. 그런 낌새를 눈치챈 명의 일부 조신들은 정통제에게 에센이 대거 남침할지도 모른다는 사실을 일깨워 주었다. 하지만 당시 정통제의 시선은 오이라트부보다는 랴오둥의 우량하와 여진에 머물러 있었다. 에센이 이 두 부족을 병탄할지도 모르기 때문에 랴오둥에 대한 방비를 강화해 순망치한脣亡齒寒의 위험을 미리 막으려고 했던 것이다. 정통 12년(1447년)에는 오이라트부에 내홍이 일어나 몽골인 하나가 명에 귀순해 에센이 대거 남침해 명 왕조를 멸망시키고 자신이 황제에 오를 꿈을 꾸고 있다는 소식을 전해 왔다.

결국 정통 14년(1449년) 7월 에센은 랴오둥遼東(요동)과 쉬안푸宣府(선부), 간쑤甘肅(감숙), 다퉁大同(대동)의 네 방면으로 군사를 내려보내 명을 침공했다. 명의 군사들은 맞서 싸웠으나 오이라트부의 군사에 의해 대패했다. 왕전은 자신의 고향인 다퉁 부근의 위저우蔚州(울주)가 함락될까 두려워 정통제의 친정親征을 요청했다. 7월 17일 정통제는 여러 신하의 반대에도 불구하고 왕전과 함께 대군을 이끌고 친정을 결행했다. 황제의 동생인 성왕郕王 주치위朱祁鈺(주기옥)는 경사에 남아 수도 방어를 책임지게 했다. 출정에 즈음해 이틀 동안 대군을 집결시키려 했으나 모든 준비가 부족한 상태라 상하가 모두 혼란스러웠다. 정통제는 대신들의 만류에도 무리한 출정을 결정했지만, 실제 군무는 왕전 한 사람에게 맡겼다. 일개 환관에 불과한 왕전이 실제 전투에 대해 무엇을 알겠는가? 하지만 장수들은 왕전의 지시에 따라야 했고, 자신들의 뜻대로 작전을 수행하고 병사들을 지휘할 수 없었다.

결국 명의 군대는 오이라트부의 군대를 맞아 연전연패했다. 명의 군사들은 연이은 패배로 사기가 땅에 떨어졌고, 여기에 날씨마저 불순해 비바람이 몰아쳐 군의 기강이 크게 무너졌다. 수행한 대신들이 여러 차례 군대를 돌릴 것을 정통제에게 상주했으나 그때마다 왕전은 대로해 그들을 질책했다. 하지만 명의 대군이 다퉁에 도착하기도 전에 이미 군량이 부족해져 병사들이 굶주림 끝에 연이어 죽어나가는 일까지 벌어졌다. 오이라트부의 군대는 짐짓 전투를 피하는 척하며 명의 군대를 험지로 끌어들였다. 신하들은 거듭 군대의 전진을 멈출 것을 상주했지만 그때마다 왕전은 크게 화를 내며 계속 전진할 것을 명했다. 8월 1일에 명의 군사들은 다퉁에 도착했고, 그제야 정통제는 다퉁에 주둔할 것을 명했다. 하지만 비가 더욱 심해지자 처음으로 군대를 돌릴 것을 의논했다.

그러나 왕전은 계속 북진할 것을 명령했다. 명의 군중에서는 왕전의 이러한 처사에 불만을 품는 이들이 늘어갔다. 일부는 왕전을 죽이고 정통제를 핍박해 군대를 돌리려는 생각을 가진 이들도 있었다. 하지만 왕전을 죽이는 일은 쉽지만 그 뒤에 벌어질 사태를 수습하는 게 더 어려울 수 있다는 반론 때문에 결국 실행에 옮기지는 못했다. 하지만 상황이 나아지지 않고 계속 패전의 소식만 들리자 정통제는 비로소 군대를 돌리기로 결심했다. 하지만 돌아가는 길도 문제였다. 다퉁의 총병이 어가御駕가 쯔징관紫荊關[지금의 허베이성 이현易縣(역현) 서북쪽]으로 들어가야 한다고 제언했으나 왕전은 듣지 않았다. 8월 4일 마침내 명의 군대는 철수를 시작해 10일에는 쉬안푸[지금의 허베이성 장쟈커우시張家口(장가구시) 쉬안화구宣化區(선화구)]에 도착했다. 하지만 오이라트부의 군대가 이들을 추격해 거의 따라잡은 상태였다.

다른 지역에서의 싸움 역시 명의 군대는 패배로 점철되었다. 아울러 황제가 선봉으로 내보낸 군대 역시 전멸하자 황제의 친정군은 퇴각을 거듭하다 8월 13일 투무푸土木堡[토목보, 지금의 허베이성 화이라이현懷來縣(회래현)]에 이르렀다. 병부상서인 쾅예鄺埜(광야)는 여기서 지체할 것이 아

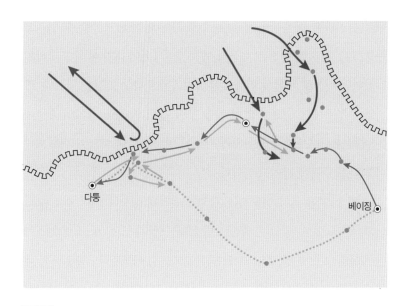

오이라트부 군과 명나라 군의 진출도

니라 한시바삐 쥐융관居庸關(거용관)으로 가야 안전을 보장할 수 있다고 주장했다. 하지만 왕전은 자신의 보급 수레 1천여 대가 아직 도착하지 않았다는 이유로 부득불 이곳에서 숙영해야 한다고 고집을 피웠다. 하지만 투무푸에는 수원이 없어 물을 구할 길이 없었고, 각지의 요충지는 속속 오이라트부의 군대에 점거되어 명의 군대는 퇴로가 차단되면서 막다른 골목에 몰리고 있었다.

8월 14일이 되자 정통제는 계속 전진하려 했으나 이미 퇴로가 차단되어 움직일 수 없었다. 무엇보다 물을 구할 수 없어 명의 병마는 기갈이 들었고 더 이상 견딜 수 없는 지경에까지 이르렀다. 그때 마침 에센이 사신을 보내 화의를 제안했다. 이에 8월 15일에 정통제는 황급히 조서를 내려 통역과 함께 오이라트부의 사자에게 들려 보냈다. 그제야 왕전은 황급히 퇴각을 명했으나 명의 군대가 3, 4리도 못 갔을 때 오이라트부의 대군이 갑자기 되돌아왔다. 화의 제의는 명의 마음을 놓게 하려는 기만책이었던 것이다. 오이라트부의 철기병이 명의 군대 가운데로 뛰어들며 갑옷과 무기를 버리는 자는 죽이지 않는다고 소리치자 그 말에 명의 군사는 무기와 갑옷을 버렸지만 오히려 벌거벗은 채 도륙을 당했다. 혼전 속에 정통제를 수행하던 신하들도 52명이나 목숨을 잃었다. 왕전은 호위장군 판중樊忠(번충)이 휘두른 몽둥이에 맞아죽었다. 하지만 정통제의 말에 의하면 왕전은 명의 군사가 패한 데 대한 자책으로 인해 칼로 자신의 목을 베어 죽었다고 한다.

적의 포위를 뚫고 나갈 수 없었던 정통제는 스스로 말에서 내려 가부좌를 틀고 앉아 포박되기를 기다렸다. 오이라트부의 한 병사가 정통

투무푸 유지

제의 의갑衣甲이 범상하지 않은 것을 보고 에센의 동생인 사이간왕賽刊王(새간왕)에게 보고했다. 사이간왕은 그가 정통제인 것을 알아보고 에센에게 이 사실을 보고했다. 에센은 즉시 달려와 정통제에게 군신의 예를 다하고 정중히 모셨다. 명의 군대는 대패하고 오이라트부의 군대는 명군의 무기와 보급품을 모두 노획하였다. 이렇게 해서 정통제의 오이라트부 정벌은 실패로 돌아가고 그 자신이 적의 포로가 되는 치욕을 당하게 되었다. 이는 중국 역사에서 황제가 북방 유목민족과의 싸움에서 패해 포로가 된 유일무이한 사례로 남게 되었고, 사가들은 이 것을 '투무土木의 변'이라 불렀다.

베이징 성의 사수

원정에 나섰던 황제가 적의 포로로 잡혔다는 소식이 전해지자 수도인 베이징 성내에서는 한바탕 큰 소동이 일어났다. 당황한 조신들은 어찌할 바를 모르고 대책 마련에 부심하였다. 한편 에센은 기세를 몰아 군사들을 이끌고 베이징으로 향했다. 그렇지 않아도 뒤숭숭하던 차에 에센의 군대가 베이징을 향해 쳐들어오고 있다는 소식이 전해지자 조야朝野는 놀라 두려움에 떨지 않는 자가 없었다. 수많은 대신이 조정에 모여 대책을 논의했지만 달리 뾰족한 수가 없어 황망해 하는 가운데 주화파의 대표 격인 시강侍講 쉬청徐珵(서정)이 성상星象에 변화가 있으니 마땅히 난징南京(남경)으로 천도하여 적의 공격을 피해야 한다고 주장했다. 하지만 병부시랑 위첸은 "남천을 제안한 이는 마땅히 참수를 해야 한다. 경사는 천하의 근본인데, 남쪽으로 도망하여 멸망한 송의 예를 보지 못했는가?"라며 반드시 베이징을 사수해야 한다고 강변했다. 그러는 사이 정통제의 어미인 황태후 순孫씨는 정통제의 아들인 젠선見深(견심)을 황태자로 삼고 성왕 주치위로 하여금 감국監國하도록 했다. 아울러 왕전의 친족들을 죽이고 그 가산을 몰수했다.

한편 에센은 포로로 잡은 정통제를 미끼로 명과의 협상에서 우위에 서려 했다. 하지만 이를 간파한 명 측에서는 위쳰 등이 정통제를 태상황太上皇으로 삼고, 아우인 경태제景泰帝 경종景宗(재위 기간 1449~1457년)을 옹립했다. 그리고 위쳰은 병부상서로 승진했다. 같은 해 10월 오이라트부 군사들은 정통제를 복위시키고 자신들에게 유리하게 협상을 진행하고자 베이징을 나흘간 포위하는 등 공세를 펴 나갔다. 한편 베이징 성내에서는 이를 대비해 며칠 만에 몇만 벌의 갑옷과 투구를 만들고 군기와 화포를 제작했으며, 백성들이 전투에 참여하면서 성을 지키는 군사의 수가 잠깐 사이에 22만 명에 달했다. 에센의 군대가 베이징 성을 공격하자, 위쳰은 군사를 이끌고성 밖으로 나가 맞서 싸웠다. 5일 동안의 공방 끝에 에센의 군대는 패퇴했다.

'투무의 변'은 국정을 농단한 일개 환관의 잘못된 판단과 혼용한 군주의 부화뇌동으로 빚어진 한 편의 희극과 같은 사건이었다. 하지만 만약 그때 에센이 승리하고 베이징 성이 함락되었다면, 바로 직전의 원나라처럼 또 한 번 북방의 유목민족에 의해 중원이 유린되는 일이 벌어졌을 것이다. 위쳰을 비롯해 베이징 성 사수에 온힘을 다했던 장수와 병사들 그리고 이들을 후원했던 백성들의 용맹 덕에 명 왕조는 바람 앞의 등불 같은 위기에서 벗어날 수 있었다. 그러나 더 기가 막힌 것은 그 이후에 벌어진 후일담이다.

애당초 에센은 포로로 잡은 정통제를 미끼로 명과 유리한 협상을 이끌어 내려고 했다. 그러나 새로운 황제가 등극하자 정통제는 효용 가치를 잃고 말았다. 결국 1450년 에센은 미련 없이 정통제를 명으로 돌려보냈다. 하지만 이미 경태제가 정식 황제로 즉위한 뒤라 정통제가 돌아오자 두 명의 황제가 불편한 동거를 하게 되는 기이한 상황이 벌어졌다. 대신들 역시 은연중에 두 파로 나뉘어 일부 대신과 환관의 무리들은 암암리에 정통제의 복위를 꾀하였다. 경태 3년(1452년) 경태제는 황태자인 정통제의 아들 졘선을 기왕沂王으로 봉하고, 자기 아들인 졘지見濟(견제)를 황태자로 삼았다. 하지만 그 이듬해에 졘지가 죽자 경태제는 자신을 대신할 아들이 없어 전전긍긍했다. 그러던 중 경태 8년(1457년) 초에 경태제가 중병이 들자 환관 차오지샹曹吉祥(조길상)이 무장인 스헝石亨(석형) 등과 결탁해 쿠데타를 일으켜 경태제를 퇴위시키고 정통제를 복위시켰다. 경종은 원래의 지위인 성왕郕王으로 폐위되어 서궁으로 거처를 옮겼다가 곧 죽었다. 이를 '탈문奪門의 변'이라 부른다.

복벽한 정통제는 연호를 정통에서 천순天順(14571~464년)으로 바꾸고, 자신의 복위에 공이 있는 자들에게 상을 내리는 한편 위첸을 처형했다. 그리고 왕전을 제사지내고 그를 위한 사당을 지어 주었다. 그러나 천순 4년(1460년)에 공신 스헝이 자신의 공을 앞세워 교만을 떨며 횡포를 부리다 이를 우려한 정통제에게 처형당했다. 스헝의 말로를 보고 불안을 느낀 차오지샹은 천순 5년(1461년) 자신의 양자인 차오친曹欽(조흠)과 모반을 꾸몄지만 일이 어그러져 둘 다 처형되었다. 정통제는 천순 8년(1464년)에 세상을 떠났다. 한편 이후 등장한 명의 황제들은 하나같이 무능하고 정사를 돌보지 않아 환관들에 의해 국정이 좌지우지되다가 명 왕조는 결국 멸망하고 말았다.

[위첸 소전]

병부상서였던 위첸(1398~1457년)은 황제가 적군에 포로로 잡힌 절체절명의 순간에 베이징을 지키기로 결단을 내렸을 뿐 아니라 베이징 성을 보위하기 위한 전투를 승리로 이끄는 데 가장 공이 컸다. 위첸은 저장성浙江省(절강성) 항저우부杭州府(항주부) 사람으로 자가 팅이廷益(정익)이고 호는 제안節庵(절암)이며, 관직이 소보少保에 이르렀기에, 세칭 위소보于少保(우소보)라 불렸다. 영락 19년(1421년)에 진사에 급제했으며, 선덕宣德원년(1426년)에 한왕漢王 주가오쉬朱高煦(주고서)가 반란을 일으켰을 때 어사의 직위로 참전했고, 뒤에 허난과 산시山西의 순무를 지냈다. 정통제 때 입경했지만 권세 있는 환관 왕전에게 예를 갖추지 않았다 하여 모함을 받고 하옥되었다. 이때 허난과 산시의 백성들과 관리들이 청원을 하여 복직되었다. 그 뒤 '투무의 변'이 일어나자 병부상서의 직책을 맡고 베이징 성을 사수하는 데 큰 공을 세웠다. 에센이 정통제를 앞세워 명조정을 압박했을 때, 위첸은 "사직이 중하고, 군주는 가볍다社稷爲重, 君爲輕"는 말로 화친을 거부했다. 어쩌면 그의 운명은 이때 결정된 것이나 마찬가지였다. 순간순간의 이해득실을 따지기보다는 좀 더 거시적인 차원에서 나라의 명운을 걱정했던 그였지만, 오히려 그런 강직함 때문에 사악한 무리들에 의해 죽임을 당했다. 세월이 흐른 뒤 그의 우국충정은 세간의 인정을 받아 헌종憲宗 때는 원래의 관직으로 복직되었으며, 홍치弘治 2년(1489년)에는 '숙민肅愍'이라는 시호를 추증받았다가 신종神宗 때 '충숙忠肅'으로 시호가 바뀌었다. 후대 사람들은 그를 남송의 웨페이岳飛(악비)와 함께 우국충정의 전범으로 떠받들었다.

베이징에 있는 위첸 사당 ⓒ 조관희

역사상 가장 부도덕한 전쟁,

아편전쟁

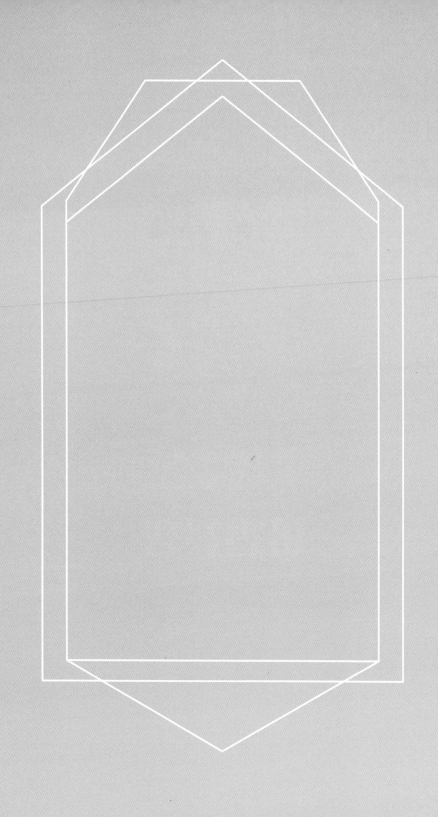

제국주의의 산물, 아편의 등장

만주족이 세운 청 왕조는 건륭제의 치세(재위 기간 1735~1796년)에 최전성기를 맞고는 이후 급격하게 쇠락했다. 그 시기는 영국에서 산업혁명이 일어났던 때와 거의 일치한다. 본래 산업혁명이란 증기기관과 같은 기계나 기술의 갑작스런 출현으로 야기된 결과물 정도로 이해된다. 하지만 실제로는 르네상스 이래로 유럽 전반이 근대적 발전으로 경제, 사회적 여러 조건이 어떤 임계점에 도달해 그 이전 시대와는 전혀 다른 성격의 변화가 일어난 현상을 가리킨다. 이 용어는 프리드리히 엥겔스 Friedrich Engels가 1780~1840년대에 제조업과 공업 분야에서 일어난 기계화와 공장화를 지칭하며 처음 사용한 말로, 이후에 역사학자 아널드 토인비Arnold Toynbee가 『18세기 영국에서의 산업혁명에 대한 강의 Lectures on the Industrial Revolution of the Eighteenth Century in England』라는 책에 인용하면서 유명해졌다.

산업혁명으로 등장한 자본주의는 이후 국내가 아닌 국제적인 수준에서의 경쟁을 심화시켰다. 또 다른 한편으로 자본주의에 대한 반대

급부로 사회주의 사상이 나타나면서 문제는 더욱 복잡해졌다. 산업혁명으로 새롭게 등장한 강대국들은 이러한 문제들을 해결하기 위해 총칼을 앞세운 침략적인 방법을 동원해 약소국을 식민지로 만들었다. 식민지 확보는 나라 안에 쌓인 사회적 불만을 해외로 돌릴 수 있었을 뿐만 아니라 경제적으로 큰 이득을 보았다. 곧 식민지에서 값싼 원료와 식량을 손쉽게 확보하는 것은 물론이고, 국내에서 만든 상품의 판매 시장으로 삼아 잉여 상태였던 국내 자본의 투자시장으로 활용할 수 있었던 것이다. 이렇게 등장한 제국주의 세력은 앞다투어 아시아와 아프리카로 달려갔다.

초기 제국주의에 앞장선 나라는 산업혁명이 처음 시작되면서 일찍부터 공업화를 추진했던 영국과 프랑스였다. 특히 영국은 18세기 중엽 동인도회사를 앞세워 인도에 진출했다. 1857년 세포이 항쟁 이후 무굴제국을 완전히 멸망시킨 뒤에는 동인도회사를 폐지해 영국 정부의 직접 통치 하에 두었다. 이후 1877년 빅토리아 여왕이 인도 황제를 겸하는 인도 제국이 성립되자 인도는 완전히 영국의 식민지가 되었다. 인도에서 재미를 본 영국의 다음 시선이 머문 곳은 중국이었다. 영국은 인도를 식민지로 만들어 원료를 제공받은 뒤 이를 가공해 수출하기 위한 시장으로 중국을 선택했다. 당시 중국의 인구는 식민지 인도의 두 배 정도로 추정되었기에, 영국인들은 중국 사람들이 면 제품을 하나씩만 사더라도 당시 면직 공업의 중심지였던 맨체스터가 하나 더 만들어질 수 있다고 생각했다. 그러나 세상사는 자기 뜻대로만 이루어지지 않는 게 만고의 진리다.

17세기 중반 이후 유럽에 차가 소개되었는데, 특히 영국인들에게 큰 사랑을 받았다. 특히 제국주의의 번영기를 구가했던 빅토리아 시대에는 영국인들의 일상에서 홍차가 빼놓을 수 없는 필수품이 되었다.

> 부유한 빅토리아 시대의 영국인들은 아침에 잠을 깨자마자 차를 달여 마셔서, 식욕을 돋운 후에 훈제 생선, 죽, 달걀과 베이컨 등으로 된 넉넉한 아침 식사를 먹었다. 낮 동안에는 누구를 만나더라도 한 잔의 맛있는 차가 필요했고, 오후 4시경 케이크, 롤빵, 샌드위치, 머핀, 핫케이크, 절탕절임 등을 먹는 점심 식사나 조금 늦은 시간에 먹는 저녁 식사에서도 차를 마셨다.[52]

이렇듯 영국인들은 세 끼 식사는 물론이고 여가시간에도 차를 마시는 것이 하나의 습관처럼 자리 잡아 이른 아침Early Morning Tea부터 오후를 거쳐Afternoon Tea 늦은 밤Night Tea까지 시도 때도 없이 차를 마셔 댔다. 차를 마시는 장소 역시 집은 물론이고 커피하우스나 티파티Tea Party, 티가든Tea Garden 등등 다양한 장소에서 차를 소비했다. 그 결과 영국인들은 매년 엄청난 양의 차를 중국으로부터 수입해야만 했다.

당시 유럽의 상류 사회에는 '시누아즈리Chinoiserie'라는 중국풍이 유행했다. 유럽인의 중국 자기瓷器에 대한 관심은 중세 말부터 시작되었으며, 16세기 말 중국의 공예품이 다량으로 수입되자 유럽의 왕후·귀족들이 앞다투어 수집하였다. 그 당시는 단순한 수집 대상에 지나지 않았으나 17세기의 후반부터는 이러한 동양의 공예품과 그 모방품을 실내장식에 활용하기 시작하였다. 이때 만들어진 시누아즈리는 대개 4종류로 나뉜다. 첫째, 자기·칠기漆器 등 동양의 공예품을 모방한 것과 모방하려고 한 것 둘째, 모방이 아니고 동양의 공예품을 비꼰 것 셋째, 동양의 인물·풍물을 제재題材로 한 것 넷째, 동양의 공예품을 재료로 하여 로코코풍의 금구金具를 붙인 자기나 철과 금·은분으로 그린 그림에 패널을 넣은 로코코풍의 가구 등이다.[53]

이런 여러 이유로 영국에서 중국의 차와 비단, 도자기 등의 수입은 폭증했지만, 중국으로의 수출 길은 막혀 있었다. 그로 인해 막대한 규모의 무역 적자가 발생했다. 영국 정부는 이 문제를 해결하기 위해 아시아로 출항하는 모든 선박은 영국의 공산품을 의무적으로 싣고 나가야 한다는 규정을 만들었지만, 이 규정 역시 제대로 효과를 발휘하지 못했다. 이런 식으로 차를 수입한다면 수출품으로 상쇄하는 비중이 기껏해야 3분의 1밖에 되지 않아, 나머지를 모두 은으로 결재해야 했기 때문이다.[54] 이런 심각한 무역 역조를 바로잡기 위해 영국 측에서 대체 상품으로 고안해 낸 것이 바로 아편이었다.

본래 아편은 중국에서 오랫동안 약용으로 쓰였다. 양귀비가 처음 중국에 들어온 것은 7세기경으로 추측되며, 8세기부터 쓰촨에서 재배되기 시작해 윈난으로 퍼졌다고 한다. 양귀비에서 추출한 아편은 15세기 말엽부터 약품으로 취급되었다.[55]

> 서역과 바다 건너 몇몇 나라들은 허푸룽合甫融이라는 약을 생산하는데, 이것이 우리 중국에서 아편이라 부르는 것이다. 모양은 몰약沒藥

(myrrha)처럼 생겼는데, 진한 노란색이고, 아교처럼 끈적끈적하다. 맛은 쓰고, 과도하게 열을 올리며 독성이 있다. 주로 남성의 양기를 보충하고 정액을 강하게 하고 정력을 되찾는 데 쓰인다. 이는 연금술 및 (남자의) 성적 능력, 궁녀들의 (성행위) 기술을 향상시킨다. 또 만성설사를 치료하는 데 도움이 된다. 대개는 3회 복용으로 충분하다. 남용하면 악성 신열, 부종, 심한 피부 궤양을 일으키게 된다. 이는 또한 심장 관련 질병을 치료하는 데도 도움이 된다. 성화 계묘년에 중관인 중궤이中貴를 시켜 하이난海南(해남), 푸젠, 저장, 쓰촨과 서역에 가까운 산시陝西에 가서 그것을 사 오도록 했다. 가격은 금과 같다.[56]

초기에 아편은 일반 사람들이 손에 넣기 어려운 희귀한 물품이라 황제를 비롯한 환관, 궁녀나 부유한 고관들 사이에서만 통용되었기에 사회적으로 크게 문제가 되지 않았다. 아편이 상품으로 유통되기 시작한 것은 17세기 이후의 일인데, 당시만 해도 일부 중국 남부 지역에서 미미한 양만이 소비되었을 뿐이다. 그러다가 18세기 이후 세계적으로 유통되는 상품이 되었고, 19세기 초가 되면서 중국 내 아편의 확산이 심각한 사회 문제가 되었다.[57]

영국의 정책은 성공했다. 인도에서 생산한 아편을 중국에 수출함으로써 수입 홍차에 대한 지불로 유출되던 은이 점차 감소하고, 1827년경에는 마침내 양국 간 은의 유입이 역전되는 현상이 나타났다. 이제 공은 중국으로 넘어갔다. 청 왕조로서는 백성들의 심신을 좀먹는 폐해에 은의 유출로 인한 국가 재정의 파탄이라는 위기까지 더해진 상황

인도의 파트나에서 생산된 아편 ⓒ 조관희

에 직면해 있었다. 가경제嘉慶帝(재위 기간은 1796~1820년)는 몇 차례에 걸쳐 아편의 흡입과 유통을 금지하는 정책을 시행했다. 그러나 아편 흡입의 악습은 이미 관계官界에까지 퍼져 있어 이를 관장해야 할 관리들이 정부의 시책에 적극적으로 대응하지 않았다. 그뿐 아니라 아편 수입이 공개적으로 금지되자 오히려 이를 이용해 돈벌이에 나서고 뇌물이 오가는 일까지 벌어졌다. 따라서 아편 금지령은 실효를 거두지 못하고 이로 인해 국가 재정이 악화되자 더 이상 방치할 수 없는 지경에 이르렀다.

아편의 금령과 영국의 딜레마

가경제의 뒤를 이은 도광제道光帝(재위 기간 1820~1850년)는 신하들에게 적절한 대책을 강구하도록 했다. 그러자 청 조정에서는 아편 문제를 어떻게 처리할 것인가를 두고 논쟁이 벌어졌다. 주장은 크게 두 가지로 나뉘었다. 하나는 '이금론弛禁論'으로 오랫동안 지속되어 온 아편의 수입과 소비를 하루아침에 근절할 수 없으니 이참에 아예 아편 수입을 합법화해 세금을 매기고, 아편 대금으로는 은 대신 물품으로 대납케 하며, 양귀비 재배를 허락하되 관리와 병사들은 아편을 금하게 하자는 것이었다. 다른 하나는 '엄금론嚴禁論'으로 금령을 엄격하게 시행해 이참에 아편을 근절하자는 것이었다. 이런 강온책을 두고 몇 차례 논란이 있은 뒤, 강경론을 편 대신들의 주장이 받아들여졌다. 도광제가 아편 엄금론에 대한 구체적인 방안을 각 성의 독무督撫와 장군들에게 하명한 결과, 당시 후광총독湖廣總督(호광총독)이었던 린쩌쉬林則徐(임칙서, 1785~1850년)가 올린 「조진금연판법소條陣禁煙辦法疏」가 가장 구체적이었다. 그뿐 아니라 린쩌쉬는 임지에서 실제로 큰 성과를 올리고 있었기

마카오에 있는 린쩌쉬 상

에, 1838년 11월 도광제는 그를 흠차대신欽差大臣으로 임명하고 광저우廣州(광주)로 내려가 아편을 단속하게 했다.

1839년 1월 베이징을 출발한 린쩌쉬는 광저우로 가는 길에 현지에 대한 정보를 수집해 그곳에 도착하기 전에 현지 상황을 대략적으로 파악했다. 한편 현지에서도 흠차대신의 파견을 인지하고 린쩌쉬가 오기 전에 아편의 단속을 더욱 강화했다. 3월에 광저우에 도착한 린쩌쉬는 바로 업무를 시작했다. 그는 먼저 포고문을 통해 다음과 같은 두 가지 사실을 공지했다. 첫째, 흡연자는 1년 안에 아편을 끊어야 하며 이것을 지키지 못하면 사형에 처한다. 특히 관원과 군졸들이 아편 반입을 묵인하는 행위를 엄격히 금지하며, 밀매꾼에게 압수한 아편을 자신이 피우거나 되파는 행위가 적발되면 엄벌에 처한다. 둘째, 자신은 광저우 무역에서 생긴 문제를 해결하기 위해 왔으며, 그 이외의 일에는 일체 관여하지 않겠다.[58] 이어서 린쩌쉬는 아편 무역에 관여하고 있는 외국인들을 향해 포고문을 내보냈다.

광저우에서 무역을 개방한 것은 서로의 이익을 위한 것이며, 지난 수십 년 동안 무역은 번성했다. 그러나 일부 '나쁜 오랑캐惡夷'들이 아편을 들여와서 백성들에게 해독을 끼쳐 황제의 심려가 깊어지고 마침내 나를 흠차대신으로 파견했다. 이제 나는 법령을 엄격히 집행하여 이 나쁜 습관을 근절할 것이다. 아편을 피우거나 파는 사람은 사형에 처한다. 사람들은 다른 나라에 가면 그 나라 법률을 따른다. 그러므로 아편을 들여오는 오랑캐도 사형에 처할 것이다. 광둥뿐만 아니라 다른 지역에서도 법령이 엄격히 집행될 것이니 앞으로는 아편을 들여온다 해도 팔 곳이 없어진다. 그렇지만 과거의 잘못을 따질 생각은 없다. 앞으로 아편을 들여오지 않는다면 그것으로 만족하겠다. 그러니 현재 보관 중인 아편의 수량을 기록해서 제출하고 현물을 바치도록 하라. 명령을 어기면 군대를 동원해서 모든 선박을 검색할 것이다.[59]

외국인 아편 무역상들은 혼란에 빠져 이러지도 저러지도 못했다. 그 사이에 린쩌쉬는 그들이 머물고 있는 상관商館을 봉쇄하고 압박했다. 영국의 무역감독관 찰스 엘리엇Charles Eliot(1801~1875년)은 할 수 없이 아편 2만 상자를 중국 측에 인도하고, 상인들은 마카오로 철수했다. 6월 3일 린쩌쉬는 커다란 웅덩이를 파 바닷물을 채운 뒤 압수한 아편을 잘게 쪼개서 던져 넣고는 석회와 소금을 섞어 폐기했다. 그 뒤에도 아편에 대한 단속과 처벌은 계속되었다. 그뿐만 아니라 린쩌쉬는 광저우로 진입하는 수로를 요새화하고 항구에 새로운 화포와 운하의 통행을 막을 강력한 쇠사슬을 설치하는 등 영국군의 도발에도 대비했다.

아편 판매의 봉쇄 소식은 영국으로 신속하게 알려졌다. 봉쇄로 인해 직접적으로 손해를 본 상인들은 영국 정부에 금전적 보상을 요청했다. 그들은 자신들이 입은 손해를 만회하기 위해 영국에 사람을 보내 로비를 벌였다. 영국에서 중국을 상대로 한 무역업자들과 대규모 아편 제조 지역 상인협회가 영국 의회에 보복 조치를 취해 달라고 로비를 벌이고 있을 때, 린쩌쉬는 광둥성에서 아편 근절을 위한 활동을 계속해 나갔다. 하지만 영국 상인들이 어떠한 아편 무역도 하지 않겠다는

아편전쟁기념관 앞에 조성된 아편을 폐기했던 저수지 ⓒ 조관희

서약을 하지 않자, 린쩌쉬는 그들을 광저우에서 추방했다. 어쩔 수 없이 무역감독관 찰스 엘리엇은 당시에는 거의 버려지다시피 한 바위섬에 불과했던 홍콩에 군대를 주둔케 했다. 그러던 중 1839년 7월 7일 홍콩 섬 건너편의 쥬룽九龍(구룡) 지역에서 술 취한 영국 병사들이 린웨이시林維喜(임유희)라는 중국인을 살해하는 사건이 일어났다. 린쩌쉬는 범인의 인도를 요구했으나, 엘리엇은 이를 거부하고 영국군 함상에서 자기들끼리 재판을 해 벌금 30파운드와 금고 6개월에 처했다. 이에 린쩌쉬는 8월 25일 마카오 정청에 영국 상인들을 축출하도록 요구했다. 이제 양국 간의 분쟁은 피할 수 없는 지경에까지 이른 것이다. 실제로 홍콩에서는 소규모 군사적 충돌이 몇 차례 일어났다.

그러나 정작 영국 국내에서는 중국 현지의 사정이 그리 빨리 알려지지 않았다. 통신상의 문제도 있었지만, 당시 국제 정세가 급박하게 돌아가고 있어서 중국에까지 시선을 돌릴 겨를이 없었다. 지중해에서는 프랑스 함대와 대치했고, 카스피해에서는 러시아의 팽창을 신경 써야 했다. 중국 무역을 직접 관할하는 인도 식민정부의 관심은 아프가니스탄에 집중되어 있었다. 광저우의 상황이 구체적으로 알려진 것은 9월 말이나 되어서였다. 영국 정부 입장에서 "이 사건은 지구 반대편에 있는 80~90명의 영국인들이 분란에 휩싸인 것에 지나지 않으며, 그 지역을 관할하는 인도 식민정부가 적절히 처리할 사건"이었다.[60] 하지만 분쟁의 당사자인 상인들의 입장은 달랐다. 아편을 몰수당한 터에 무역마저 금지됐으니 막다른 골목에 몰린 상인들로서는 이 문제 해결에 필사적으로 매달렸다.

그 대표 격이 자딘-매더슨 상사Jardin-Matherson & Co.라는 아편무역 회사를 운영하는 윌리엄 자딘William Jardin이었다. 당시 아편 거래는 영국계의 자딘-매더슨 상사와 덴트 상사Dent & Co. 그리고 미국계인 러셀 상사Russel & Co.라는 3대 거상이 주도했다. 그중에서도 자딘-매더슨 상사는 돈을 제일 많이 벌었을 뿐만 아니라 동인도회사의 황혼기에는 광저우 상관商館의 유럽인 사회를 주도했다.[61] 자딘은 영국으로 건너가 언론 등을 이용해 본격적으로 로비 활동을 벌였다. 상인들의 이익을 대표한 자딘은 몇 차례 시도 끝에 당시 외무장관이었던 파머스턴Henry John Temple Palmerston(1784~1865년)을 만나 자신의 생각을 전달했다. 이미 현지의 무역감독관인 엘리엇으로부터 기본적인 정보를 들은 바 있는 파머스턴은 자딘과의 면담을 통해 향후 대책을 마련했다. 당시 영국 정부의 재정 상태로는 상인들의 손해를 세금으로 보상해 줄 수 없었다. 결국 아편을 몰수한 중국 정부에 그 책임을 물어 손해액을 물어내도록 하되 중국 측이 순순히 이에 응하지 않을 것이기에 무력시위를 통한 압박이 필요하다는 논리를 만들어 내었다.

하지만 문제는 아편이었다. 당시에는 아편의 위해성이 그리 심각하게 받아들여지진 않았지만 사회 일각에서는 아편 중독에 대한 비판적인 의견이 분출하고 있었다. 이에 자딘은 곧 아편을 전면에 내세우지 않고, 중국 측이 영국 상인들에 보인 위압적인 태도와 불법적인 봉쇄 등 불공정무역을 화두로 내세워 주로 기업가와 공장주 등을 파고들었다. 이 전략은 먹혀들었고 각계에서 중국의 잘못된 무역 관행을 바로잡아야 한다는 청원이 빗발쳤다. 여기에 당시 영국 국내의 경기 불황과 재정 적자, 사회적 무질서 등 복잡한 상황도 얽혀 들었다. 영국 정부로서는 하나의 돌파구가 필요했던 터에 때맞춰 광저우에서 일어난 일련의 사건들이 국내에 속속 전해져 왔다. 그 가운데 영국 사람들을 당혹케 한 것은 영국인들의 마카오 철수였다. 언론들은 국가의 자존심을 언급하며 사람들을 선동하는 기사를 쏟아 냈고, 한순간에 논점은 아편이 아닌 영국의 명예와 자유무역으로 옮겨 갔다. 이것이야말로 자딘이나 파머스턴이 노렸던 바였다. 그러면서 무력을 통한 사태 해결의 분위기가 무르익어 갔다.

1840년이 되자 전쟁은 기정사실이 되었다. 하지만 당시 야당이었던 토리당은 전쟁에 동의하지 않았다. 그해 4월 영국 하원에서는 중국에 파병하는 문제를 놓고 격렬한 토론이 벌어졌는데, 아편 무역상들의 로비로 의회 전체의 분위기나 사회적 여론은 파병 쪽으로 기울어져 있었다. 이때 훗날 영국 수상이 되는 토리당의 30살 젊은 의원 글래드스턴William Ewart Gladstone(1809~1898년)은 이 전쟁의 부당성에 대해 다음과 같이 토로했다. "저는 아편도 경제도 잘 모릅니다. 그 나라 법을 따르지 않는 외국인을 어떻게 다루는 것이 정답인지도 모르겠습니다. 그러나 역사가 이것만큼 부정한 전쟁, 이것만큼 영국을 불명예로 빠뜨린 전쟁은 없었다고 기록할 것이라는 것은 알겠습니다." 그의 발언은 양식 있는 영국 지식인들의 양심을 대변한 것이라 할 수 있는데, 이 문제를 놓고 한 달 여에 걸친 토론 끝에 표결한 결과는 271대 262로 고작 9표 차이로 파병안이 가결되었다. 그때 글래드스턴은 "262. 영국 양심의 무게가 고작 이 정도냐"고 한탄했다고 한다.

글래드스턴 자유당 당수를 지냈고, 4차례에 걸친 수상직을 역임한 그는 윈스턴 처칠과 함께 가장 위대한 영국 수상으로 평가되고 있다.

전쟁의 발발

결국 전쟁은 시작되었다. 하지만 전쟁의 정확한 시점에 대해서는 의견이 엇갈린다. 1839년에 일어난 소규모 무력 충돌이 전쟁의 시점이었다는 견해도 있고, 1840년 6월 영국군 원정대의 저우산舟山(주산) 열도에 대한 공격을 시점으로 봐야 한다는 견해도 있다. 그리고 전쟁의 단계역시 3단계로 나누어 기술하는 입장이 있고, 크게 전반부와 후반부로 나누어 보는 견해가 있다.

먼저 3단계 설의 경우, 1단계는 영국군이 북상해 톈진天津(천진)의 외항인 다구大沽(대고)까지 이른 뒤 즈리直隷(직예) 총독인 치산琦善(기선)과 협상하고 다시 남하해 촨비川鼻(천비)에서 조약을 강요하며 홍콩을 강점한 기간(1840.6.~1841.1.)이다. 이즈음 청 조정은 영국이 비난한 린쩌쉬를 면직시키고 협상을 치산에게 맡겼는데, 영국 측이 일방적으로 선포한 가假조약은 홍콩 할양을 포함하고 있어 청 조정이 받아들일 수 없는 것이었다. 조약의 비준을 기다리지도 않고 영국군이 홍콩 섬을 강점하고 영국 영토임을 선포하자 청 조정은 치산을 베이징으로 압송해 엄벌에

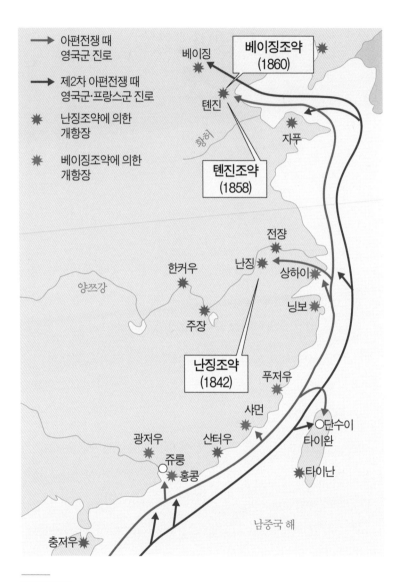

아편전쟁 진로

처하고 다시 전쟁에 돌입했는데, 이것이 전쟁의 2단계(1841.2.~1841.8.)이다. 이후 영국이 주강珠江(주강) 연안의 요새를 점령하고 광저우성을 포위해 정전조약을 맺어 600만 달러의 배상금을 받고 철수한 뒤, 새로운 전권대표 포틴저가 도착해 창장의 요지를 차례로 함락시켜 청과 난징조약을 체결한 것이 마지막 3단계(1841.8.1842.8.)이다.[62] 이것은 전체 전쟁의 대략적인 상황을 정리한 것이다.

구체적인 사정은 이보다 훨씬 더 복잡했다. 우선 약 2년여에 걸친 전쟁 기간 내내 양측이 전투를 지속했던 건 아니었다. 막상 전쟁을 하기로 나서기는 했지만, 초기에 영국 측이 보인 태도는 일종의 무력시위에 가까웠다. 개전 이후 약 1년간의 상황을 정리하자면, "이 시기 영국군은 전쟁보다는 무력시위를 통해 중국을 협상장으로 이끌어내는 데 주력"했고, 이에 반해 "중국 측은 영국군을 해적이나 반란군 정도로 치부하면서 소탕에 주력"했다.[63] 하지만 무엇보다 사태를 심각하게 만든 것은 당시 국제 정세에 어두웠던 중국의 지배층이었다. 현지에서 올라오는 정보는 책임을 져야 할 자리에 있던 관리들의 변명과 황제에 대한 비위 맞추기 식에 치중해 정확한 상황 판단을 할 수 없게 되었다. 여기에 젊은 도광제는 주전파와 주화파 사이에서 갈피를 잡지 못하고 강경책이라는 냉탕과 온건책이라는 온탕을 오갔다.

그러는 사이 영국군과 중국군의 소규모 전투가 이어졌다. 이에 앞서 흠차대신 린쩌쉬는 영국이 전쟁을 준비하고 있다는 사실을 사전에 알고 이에 대한 대비책을 마련하고 있었다. 그러나 영국 함대는 린쩌쉬의 기대를 저버리고 기수를 돌려 푸젠과 저장浙江(절강) 연안을 위협하면서 북상했다. 그들은 항저우만杭州灣(항주만) 앞바다에 있는 저우산 본도本島에 있는 딩하이定海(정해)를 첫 번째 목표로 삼았다. 이에 대한 대비가 전혀 없던 딩하이의 수비대는 맥없이 무너졌고, 영국군은 너무도 손쉽게 딩하이를 점령했다. 하지만 점령군들에게 점령지에서의 생활은 녹록치 않았다. 낯선 환경에 점령군에게 우호적이지 않은 현지인들의 비협조적인 태도 등으로 영국군은 악전고투를 벌여야만 했다. 1840년 8월 1일 영국군 함대는 딩하이에 약간의 주둔군만을 남겨둔 채 저우산을 빠져나와 다시 북상해서 베이징에서 90여 킬로미터 떨어진 베이허北河(북하)로 향했다. 8월 27일 영국군 함대는 베이허 입구에 집결했고, 이에 놀란 청 조정은 8월 30일 영국 측에 회담을 제안했다. 영국 측이 제안을 받아들여 중국 측에서는 즈리 총독 치산이 나오고, 영국 측에서는 찰스 엘리엇이 대표로 나왔다. 회담은 양측의 주장이 팽팽하게 평행선을 달리며 순조롭지 않았으나 아직 본격적인 전투 준비가 덜 되었다고 판단한 영국군은 일단 베이허를 떠났다.

영국군의 일시적인 철수를 자신들의 승리라 착각한 도광제는 9월 하순에 린쩌쉬를 파면하고 멀리 위구르 지역의 이리로 귀양을 보냈다. 그리고 치산을 전적으로 신임해 린쩌쉬 대신 흠차대신 겸 양광총독兩廣總督에 임명했다. 신임 흠차대신 치산은 12월 초 광저우에 도착했다. 그가 임지에 도착해 처음으로 한 일은 전임인 린쩌쉬의 흔적을 지우는 것이었다. 그 사이 영국 측은 찰스 엘리엇이 단독 전권대사가 되어 원정대의 전권을 장악했다. 치산과 엘리엇은 1841년 1월에 광저우에서 교섭을 진행해 홍콩 섬의 할양과 배상금 600만 원 지급, 양국이 평등한 국교 관계를 맺는 것 등을 약속하고 촨비가조약川鼻假條約(천비가조약)을 맺었다. 하지만 협상 결과는 양국의 책임자들을 만족시키지 못했다. 중국 측에서 가장 문제가 된 것은 '홍콩 섬의 할양'이었다. 중국의 영토를 자신과 상의도 없이 영국에 넘겨주었다는 생각에 사로잡힌 도광제는 치산을 양광총독에서 해임했다.

협상 상대가 사라져 버리자 엘리엇은 1841년 2월에 다시 군사 작전에 돌입했다. 영국군이 광저우를 공략하던 3월에 치산은 베이징으로 압송되었다. 그가 광저우를 떠난 뒤 얼마 안 되어 영국군은 광저우에 진입해 아편무역을 재개했다. 4월이 되자 중국 측의 지원군이 광저우에 입성해 5월에는 본격적인 전투가 벌어졌다. 전세는 영국군에 유리했지만, 본격적인 지상전을 벌이기에는 병력이 부족했다. 이에 중국 측에서 제안한 화의를 받아들여 철수를 약속했다. 그런데 5월 28일 뜻밖의 사태가 벌어졌다. 광저우 인근의 싼위안리三元里(삼원리)라는 작은 촌락에서 영국군 순찰대가 한 여인을 윤간하는 사건이 일어났던 것이다. 이 사건은 인근 마을 사람들을 자극해 민병대가 영국군 진지로 몰려가 영국군을 압박했다. 영국군이 총을 쏘면 군중들이 물러나고 어느 정도 거리가 생기면 다시 다가오는 식으로 밀고 당기기를 하는 중에 영국군 1명이 죽고, 15명이 중상을 입었다. 그러는 사이 어둠이 찾아와 밤사이 소강상태를 보였으나 다음날 아침이 되자 더 많은 군중이 몰려왔다. 이에 영국군은 본격적인 전투태세를 갖추고 광저우 당국에 협상을 무효화하고 광저우 성을 포격하겠다는 뜻을 전했다. 이에 놀란 광저우 당국이 영국 측을 찾아와 상황을 설명한 뒤 군중들을 해산시켰

싼위안리 기념관ⓒ 조관희

다. 이 작은 사건은 나중에 중국 측에 의해 민중이 제국주의 군대와 맞서 싸운 영웅적인 투쟁으로 화려하게 과대 포장되었다.

한편 베이징으로 압송된 치산은 혹독한 심문을 당한 끝에 재산을 몰수당하고 사형에 처해졌다가 며칠 뒤 감형되어 귀양을 갔다(치산은 1842년 황제의 사면으로 2년간의 유배생활을 끝내고 복권되어 여러 지역의 총독을 역임한 뒤 1854년 숨을 거두었다). 그리고 영국의 외무장관 파머스턴은 예상했던 만큼의 실익을 얻지 못했다고 판단하고는 그 책임을 물어 엘리엇을 파면하고, 퇴역 군인인 헨리 포틴저(1789~1856년)를 파견했다. 파머스턴은 포틴저에게 새로운 협정은 반드시 황제와 체결해야 하며 중국 측의 요구를 모두 거절하고 자국의 이익을 철저하게 관철하라는 지시를 내렸다.

1841년 8월 중국에 도착한 포틴저는 엘리엇과 달랐다. 그는 평생 군에서 잔뼈가 굵은 철저한 직업군인이었다. 그에게는 중국과의 타협이나 협상 따위는 없었다. 포틴저는 군대를 재정비하고 북상을 위한 보급품을 조달하는 등 본격적인 전투 준비에 몰두했다. "포틴저는 도착 직후인 8월 12일 포고문을 통해 영국의 목표가 달성되지 않아서 아직 전쟁이 진행 중이며, 광저우 당국을 신뢰할 수 없기 때문에 언제든 전투가 벌어질 수 있다고 경고했다." 그뿐 아니라 중국 측에 서한을 보내 외무장관인 파머스턴의 요구사항이 모두 관철될 때까지 전쟁을 계속하겠다고 통보했다.[64] 하지만 청 조정은 이런 일련의 사태에 대한 정확한 정보가 없었다. 포틴저는 8월 21일 함대를 이끌고 북상해 8월 26일 샤먼廈門(하문)을 공략했고, 10월에는 닝보寧波(영파)를 점령했다. 하지만 점령지인 샤먼과 전하이鎭海(진해)와 딩하이 등지에 수비대를 남겨

둔 영국군은 전투 병력이 부족해 당분간 닝보에 주둔하면서 힘을 회복한 뒤 이듬해 봄에 군사 작전을 재개하기로 했다.

닝보가 함락되자 청 조정은 혼란에 빠졌다. 도광제는 다급하게 각 성에서 병력을 차출해 영국군과 맞서 싸울 연합군을 만들게 했다. 하지만 급조된 연합군은 서로 협조가 안 되었고, 기강도 잡히지 않아 경유지마다 엄청난 민폐를 끼쳤다. 해가 바뀌어 1842년 3월 청 조정이 파견한 연합군은 닝보를 공격했고, 잇달아 전하이와 딩하이도 공략했다. 하지만 이 모든 공격이 실패로 돌아갔고, 중국 군대는 엄청난 사상자를 남긴 채 궤멸됐다. 이에 낙담한 도광제는 더 이상 무력으로는 문제를 해결하기 어렵다는 사실을 깨달았다. 영국도 본국과 인도에서 증원군을 보냈다. 하지만 증원군이 도착하기 전에 영국 원정대는 군대를 재편성한 뒤 5월에 항저우만 북쪽의 자푸/乍浦(사포)로 향했다. 어렵지 않게 자푸를 점령한 영국군은 딜레마에 빠졌다. 이곳은 운하 지역이라 범선 위주의 함대가 강을 거슬러 올라가는 것은 위험했고, 육로로 전진하는 것은 병사의 숫자가 부족해 시도하기 어려웠다. 결국 영국군은 방향을 바꿔 상하이를 거쳐 창장을 거슬러 올라가기로 했다.

1842년 6월 19일 영국군은 중국군의 저항을 물리치고 상하이에 입성하는 데 성공했다. 때맞춰 도착한 증원군으로 병력과 전선과 수송선 등을 확충한 영국군은 창장을 거슬러 올라가며 주변 도시들을 압박했다. 영국군은 전투에서는 승리했지만 원정 기간이 길어지자 풍토병 등 여러 가지 난관에 부딪혀 악전고투를 벌여야 했다. 그래도 영국 함대는 계속 전진해 7월 하순에는 난징에 도착했다. 그러는 사이에도

아편전쟁

양측은 협상을 위한 교섭을 계속 벌였지만 별다른 진척이 없었다. 8월 10일 영국 측은 중국 측에 최후통첩을 보냈다. 강남 지역의 중심지인 난징이 함락되면 창쟝 일대의 통제권을 잃게 되고, 남방의 풍부한 물산이 북쪽으로 올라갈 수 없게 되어, 중국은 실질적으로 양분되는 위험에 빠질 수 있었다. 궁지에 몰린 중국 측은 어쩔 수 없이 협상을 수락했고, 8월 14일 오후 협상을 위해 양측이 한자리에 모였다. 8월 17일 포틴저는 전투 금지 명령을 내렸고, 19일에는 중국 측 대표인 치잉耆英(기영, 1787~1858년)을 비롯한 중국 관리들이 영국 함대의 기함인 콘월리스호(Cornwallis)를 방문했다.

본격적인 협상에 돌입한 양측은 협정서의 내용과 문안을 놓고 씨름을 하다가 13개조로 된 최종안을 만들어 냈다. 그 주요 내용은 첫째, 중국이 영국에 전비와 소각된 아편 등에 대한 손해 배상금 2,100만 달러를 배상할 것 둘째, 홍콩 섬을 영국에 할양할 것 셋째, 광둥과 푸저우福州(복주), 샤먼, 닝보, 상하이 5개 항을 개방하고 항구마다 영국인의 거주를 보장하고 영사관을 개설해 '영사재판권'을 부여할 것 넷째, 무역을 독점하면서 외국 상인들을 관리 감독했던 공행公行을 폐지하고 '관세 협정'을 다시 맺을 것 다섯째, 중국과 영국은 대등한 외교 관계를 수립하고 첫 번째 대금의 지불이 완료되면 영국 함대는 철수할 것 등이었다. 8월 29일 치잉과 포틴저는 콘월리스호에서 난징조약을 체결했고, 9월에는 도광제가 그리고 12월에는 영국의 빅토리아 여왕이 조약을 인준했다.[65]

콘월리스호에서의 조약 체결

아편전쟁의 의의

전쟁은 끝났다. 그리고 영국은 자신들이 원하는 것을 얻었다. 중국으로서는 어찌 되었든 눈앞의 불은 끈 셈이었다. 그러나 이 모든 것은 하나의 사태가 마무리된 것이라기보다 또 다른 출발점이 되었다. 영국은 난징조약으로 자신들의 요구를 관철시켰으나 실제로 얻은 실익은 그리 크지 않았다. 영국이 노렸던 것은 개항장을 통해 자국의 상품이 중국에 진출해 활발하게 판매되는 것이었다. 하지만 그때까지도 자급자족의 경제에 머물렀던 중국의 사회경제적 구조로 인해 영국의 공업제품들은 생각만큼 많이 팔리지 않았다. 중국은 광대한 영토를 가진 나라이기에 애당초 동남부 해안 지역 일부에 국한된 개항장 몇 개로는 서구의 자본주의 경제가 침투하기 어려운 구조였다. 여기에 중국 민중들의 배외 감정 또한 무시할 수 없는 또 하나의 변수가 되었다. 결국 난징조약이 체결된 그 이듬해인 1943년 10월 8일 후먼虎門(호문)에서 '선후善後' 조약을 맺었다. 그 주요 내용은 중국이 장래에 다른 나라에 새로운 혜택을 주게 되면 영국도 그에 상응하는 만큼 이익을 보게 해 준다는 '최혜국 대우' 조항이 추가된 것이다. 이렇게 해서 난징조약에서 명시한 관세 협정, 영사재판권과 함께 일방적인 최혜국 조항은 중국을 반식민지 국가로 속박하는 세 가지 주요 쇠사슬이 되었다.[66]

난징조약을 통해 영국은 중국 진출의 교두보를 확보한 셈인데, 특기할 만한 것은 이 조약이 아편으로 인해 야기된 것이었음에도 불구하고 조약 문구에는 어디에서도 아편에 대한 내용은 찾아볼 길이 없었기에 영국 상인은 마음대로 아편을 밀수할 수 있었고 청 정부는 이를 취조 감독할 수 없게 되었다는 점이다. 중국 정부는 배상금 지불과 영토의 할양이라는 굴욕적인 조치에 더해 중국의 국내법이 적용되지 않는 조계租界가 설치되는 등 국제적 위치가 격하되는 굴욕을 감내해야 했다. 하지만 어떻게 보면 이런 물질적인 손해는 어차피 패전국으로서 감수해야 할 작은 손실에 지나지 않는지도 모른다. 오히려 관세에 대한 자주권을 잃게 되면서 그렇지 않아도 취약한 국가 재정이 큰 타격을 입고 후진적인 중국 경제가 더욱 피폐해지는 결과를 낳았다.

나아가 난징조약은 이후 청 정부가 제국주의 열강과 맺는 모든 불평등조약의 출발점이 되었다. 1844년 7월에는 미국이 중국에 조약 체결을 요구하여 흠차대신 치잉과 미국 전권대사 케일럽 쿠싱Caleb Cushing에 의해 '중미망하조약中美望厦條約' 또는 '중미오구통상장정中美五口通商章程'이 체결되었다. 이것은 청 조정이 미국과 맺은 첫 번째 불평등조약이었다. 그 주요 내용은 미국이 통상과 외교 등의 방면에서 영국과 동등한 권리를 누린다는 것이었다. 프랑스 역시 전권대사인 라그랭J. de Lagrene과 함대를 파견하여 같은 해 10월 '중법황포조약中法黃埔條約'을 체결했다. 그뿐 아니라 벨기에와 스웨덴, 노르웨이 등도 '이익 균점'이라는 명목을 앞세워 중국의 모든 특권을 누렸다. 이들 국가와의 조약이 체결될 때마다 새로운 조항들이 추가되었지만, 맨 처음 조약을 맺은 영국은 그로 인해 손해를 볼 필요가 없었다. 후면에서 추가로 맺은 조약에 의해 영국 정부는 어떤 경우에나 최혜국 대우를 받기로 규정되어 있었기에, 다른 나라에 새로운 특권을 부여하면 그와 똑같은 내용이 영국에도 주어지기 때문이었다.

결국 중국은 서구 열강들에 의해 오이가 쪼개지듯 '과점瓜占'되는 상황에 놓이게 되었다. 불과 40여 년 전인 건륭의 치세에 극성기를 구가하던 역사를 뒤로하고 자본주의를 앞세운 서구 제국주의 세력의 침탈 대상이 되어 버렸던 것이다.

중국 사회는 이로부터 근본적인 변화가 발생하였으며, 중국의 주권이 짓밟혀 중국 봉건경제는 외국 자본주의의 엄중한 파괴와 통제를 받아 중국 사회는 반식민지·반봉건사회로 전환하였다. 이후 중국 사회의 주요 모순은 원래 있었던 봉건주의와 인민 대중 간의 모순 이외에 제국주의와 중화 민족 간의 모순도 주요 모순이 되었다. 달리 말하면 중국 인민은 반제·반봉건의 두 가지 주요 임무를 짊어지게 되었다. 중국 인민의 혁명과 모든 반항 투쟁은 자본주의 계급 민주혁명의 성질을 띠게 되었고, 중국 역사는 새로운 역사 시기, 곧 민족·민주혁명의 시기로 진입하였다.[67]

하지만 여기에 더해 난징조약이 중국사에서 갖는 좀 더 중요한 의의는 중국의 천하관이 바뀌었다는 것이다. 주지하는 대로 그때까지 중국은 중국이 세계의 중심이고 그 밖의 다른 나라들은 이적에 불과하다는 '중화사상中華思想' 또는 '화이사상華夷思想'을 견지했다. 중화사상 하의 국제 질서는 종주국과 주변국 사이의 조공을 매개로 한 불평등한 관계에서 돌아갔다. 그래서 그들에게 세계는 그저 하나의 하늘 아래에서만 존재한다는 의미에서 '천하天下'에 불과했던 것이다. 그러나 아편전쟁으로 인해 그런 중화적 세계관 또는 천하관이 무너졌다. 이제 중국은 여러 나라와 대등한 관계에서, 아니 오히려 열등한 관계에서 일방적으로 상대방의 요구를 들어주는 불평등 조약을 맺게 된 것이다. 중국의 입장에서 볼 때, 더욱 불행한 것은 이러한 관계가 자발적 요구에 의해서가 아니라 어쩔 수 없이 떠밀려 맺게 되었다는 사실이다. 오히려 이제는 세계에 존재하는 여러 나라 가운데 한 나라로 인정받고 그들과 대등한 관계를 맺기에도 급급한 처지로까지 내몰린 것이다.

그래서 혹자는 이렇듯 중화사상으로 대표되는 자기중심적이고 자기규정적인 즉자적 인식으로부터 상대를 인정하는 대자적 인식으로 넘어간 것이야말로 중국 근대의 시작이라고 주장하기도 했다.

민중이 즉자적 존재에서 대자적 존재로 변화해 가는 것, 그 성장과정이야말로 전근대와 근대를 가늠하는 중요한 분기점인 것이다.[68]

중화사상 하에서 중국은 '천상천하, 유아독존天上天下, 唯我獨尊' 격의 유일자였다면, 이제는 전 세계에 흩어져 있는 여러 나라 가운데 한 나라에 불과한 존재로 격하되었다. 그때까지 중국은 누구에 의해서 규정받는 존재가 아니라 스스로 자기 자신을 규정하는 자기 완결적인 존재였다. 하지만 아편전쟁의 패배 이후 중국은 주변국들과의 관계 속에서 규정 받고, 자신의 위상을 확인해야만 했다.

> [그런 의미에서] 중국의 근대사는 한마디로 이러한 중화주의가 민족국가들에 의하여 계속 도전을 받으며 그 환상이 깨어짐과 동시에 강력한 민족국가의 하나로 탈바꿈해 가는 과정이었다.[69]

건륭제 말기부터 흔들리기 시작한 중국 사회는 아편전쟁으로 촉발된 외세의 침탈과 내부 모순으로 인해 일어난 갖가지 내란으로 말 그대로 내우외환內憂外患이 중첩해 나타나는 최악의 상황을 맞게 된다.

1   크리스 피어스(황보종우 옮김), 『전쟁으로 보는 중국사』, 수막새, 2005년, 56쪽.

2   김선자, 「황제 신화黃帝神話와 국가주의國家主義―중국신화 역사화 작업의 배경 탐색: 허
     신何新의 '論政治國家主義'」, 『중국어문학논집』 제31호, 중국어문학연구회, 2005년 4월, 316~
     317쪽. 이 글을 요약 발췌한 것임을 밝혀 둔다. 조관희, 『조관희 교수의 중국사』, 청아, 2018
     년, 63~64쪽을 참고할 것.

3   김선자, 「황제 신화黃帝神話와 국가주의國家主義―중국신화 역사화 작업의 배경 탐색: 허
     신何新의 '論政治國家主義'」, 『중국어문학논집』 제31호, 중국어문학연구회, 2005년 4월, 314
     쪽, 주15를 참고할 것.

4   김선자, 「황제 신화黃帝神話와 국가주의國家主義―중국신화 역사화 작업의 배경 탐색: 허
     신何新의 '論政治國家主義'」, 『중국어문학논집』 제31호, 중국어문학연구회, 2005년 4월,
     319쪽.

5   원문은 "昔少典娶于有蟜氏, 生黃帝·炎帝."

6   원문은 "黃帝以姬水成, 炎帝以姜水成. 成而異德, 故黃帝爲姬, 炎帝爲姜."

7   원문은 "炎帝者, 黃帝同母異父兄弟也, 各有天下之半."

8   『주역·계사하전周易·系辭下傳』, 『장자·도척莊子·盜跖』, 『상군서·화책商君書·畵策』,
     『국어·진어國語·晋語』, 『신서·제부정新書·制不定』, 『회남자·병략훈淮南子·兵略訓』,
     『예기·제법禮記·祭法』, 『사기·삼황본기』, 당唐 쓰마전司馬貞 보補, 『형초세시기荊楚歲
     時記』, 『괄지지括地志』 등.

9   『사기·봉선서史记·封禅书』

10   『세본·제계世本·帝系』, 『예기·제법禮記·祭法』의 정쉬안鄭玄 주, 『좌전·소공 29년左傳
     ·昭公二十九年』의 두위杜預의 주注, 『국어·진어』의 웨이자오韋昭의 주注 『제왕세기帝王
     世紀』 등.

11   "History has been called an enormous Jig-saw with a lot of missing parts." E. H. Carr, *What is
     history?*, Penguin Books, 1964., p13.

12   지금의 산시성陝西省 바오지시寶鷄市(보계시) 일대.

13   치우는 중국의 여러 고서와 한국의 『환단고기桓檀古記』 등에 등장하는 전설적 인물이다. 흔
     히 군신軍神, 병주兵主 등 전쟁의 신으로 통한다. 치우천왕·자오지천왕蚩尤支天王·자오
     지환웅蚩尤支雄 등 여러 이름으로 불린다. 중국 먀오족苗族 신화에서는 먀오족의 옛 이
     름인 구려九麗의 군주로 등장하고, 쓰마첸의 『사기』 「봉선서封禪書」에는 한漢의 고조 류방
     劉邦이 패공沛公으로 칭한 뒤, 곧바로 치우에게 제사지내고 피로 북과 깃발을 붉게 칠했다
     는 기록이 보인다. 또 『산해경山海經』에 따르면, 치우는 쥐루의 싸움에서 황제와 싸우다 웅

룡應龍에게 죽임을 당했다고 한다. 그러나 한국의 기록은 중국의 자료와 많은 점에서 다르다. 치우가 기록되어 있는 대표적 문헌은 1675년(숙종 1년) 북애노인北崖老人이 지은 것으로 추정되는 『규원사화揆園史話』 상권과 계연수桂延壽가 1911년에 편집한 것으로 보이는 『환단고기』다. 두 문헌에 따르면, 치우는 배달국倍達國의 제14대 천황인 자오지환웅이다. 기원전 2707년에 즉위해 109년간 나라를 다스렸다. 6개의 팔과 4개의 눈, 소의 뿔과 발굽, 구리로 된 머리와 쇠로 된 이마를 하고, 큰 안개를 일으킬 수 있었다. 81명의 형제가 있었고, 병기 제작 능력이 뛰어나 활·화살·창·갑옷·투구 등 각종 무기를 만들어 신농을 무찔렀다. 또 12개의 제후국을 합병했는데, 70여 회의 전쟁에서 한 번도 패하지 않았고, 헌원을 황제로 임명하기도 했다. 이처럼 한국의 문헌에서는 치우를 우리 민족 최고의 전쟁 신으로 받들고 있다. 그러나 앞서의 두 문헌은 학계에서 신빙성이 없는 저술로 취급받아 치우의 존재를 받아들이지 않는다. 일부에서는 고대 왕릉이나 기와 또는 민담 등에 등장하는 도깨비의 조상을 치우 또는 치우의 변형으로 보기도 한다. 2002년 제17회 월드컵축구대회 한일월드컵 때 한국 대표팀의 응원단인 '붉은악마'의 트레이드마크 도안이 치우도깨비의 이미지에서 딴 것이다.

14 구제강 구술, 허치쥔何啓君 정리(조관회 옮김), 『중국 역사 이야기』, 서울; 학고방, 2007년, 138~139쪽.

15 원문은 다음과 같다. "天命玄鳥, 降而生商, 宅殷土芒芒."

16 발레리 한센(신성곤 옮김), 『열린 제국: 중국, 고대-1600』, 까치, 2005년, 40쪽.

17 신성곤·윤혜영, 『한국인을 위한 중국사』, 서해문집, 2004년, 30쪽.

18 원문은 다음과 같다. "篤公劉, 匪居匪康, 迺場迺疆, 迺積迺倉 … 篤公劉, 于豳斯館, 涉渭爲亂, 取厲取鍛, 止基迺理, 爰衆爰有, 夾其皇澗, 遡其過澗, 止旅迺密, 芮鞫之即."

19 원문은 다음과 같다. "古公亶父, 來朝走馬, 率西水滸, 至于岐下, 爰及姜女, 聿來胥宇."

20 원문은 다음과 같다. "綿綿瓜瓞. 民之初生, 自土沮漆. 古公亶父, 陶復陶穴, 未有家室. … 周原膴膴, 菫荼如飴. 爰始爰謀, 爰契我龜. 日止日時, 築室于茲."

21 허중림(홍상훈 역), 『봉신연의 7』, 솔, 2016년, 298~306쪽.

22 패트리샤 버클리 에브리(이동진·윤미경 옮김), 『사진과 그림으로 보는 케임브리지 중국사』, 시공사, 2001년, 34쪽.

23 신성곤·윤혜영, 『한국인을 위한 중국사』, 서해문집, 2004년, 36쪽.

24 원문은 다음과 같다. "昔唐人都河東, 殷人都河內, 周人都河南. 夫三河在天下之中, 若鼎足, 王者所更居也, 建國各數百千歲, 土地小狹, 民人衆."

25 신성곤·윤혜영, 『한국인을 위한 중국사』, 서해문집, 2004년, 37쪽.

26 신성곤·윤혜영, 『한국인을 위한 중국사』, 서해문집, 2004년, 43쪽.

27 발레리 한센(신성곤 옮김), 『열린 제국: 중국, 고대-1600』, 까치, 2005년, 77쪽.

28 발레리 한센(신성곤 옮김), 『열린 제국: 중국, 고대-1600』, 까치, 2005년, 77~78쪽.

29 크리스 피어스(황보종우 옮김), 『전쟁으로 보는 중국사』, 수막새, 2005년, 25쪽.

30 "송으로 하여금 우리 진을 버리고 제와 진秦에 뇌물을 써서 그들 두 나라에게 부탁하여 초와
    강화를 펴 주도록 하게 하고, 한편 우리는 조曹의 군주를 사로잡아 조와 위衛의 땅을 송에게
    나누어 주십시오. 초는 조와 위를 애호하기 때문에 반드시 제와 진秦의 요청을 받아들이지
    않을 것입니다. 제와 진이 송으로부터 뇌물을 받은 데다 초가 완고하게 거절하게 되면 제와
    진이 싸우지 않을 수가 있겠습니까?(『춘추좌전』, 희공 28년, 기원전 632년).

31 발레리 한센(신성곤 옮김), 『열린 제국: 중국, 고대-1600』, 까치, 2005년, 85쪽.

32 패트리샤 버클리 에브리(이동진·윤미경 옮김), 『사진과 그림으로 보는 케임브리지 중국사』,
    시공사, 2001년, 45쪽.

33 신성곤·윤혜영, 『한국인을 위한 중국사』, 서해문집, 2004년, 51쪽.

34 신성곤·윤혜영, 『한국인을 위한 중국사』, 서해문집, 2004년, 51쪽.

35 원문은 다음과 같다. "四十七年, 秦攻韓上党, 上党降趙, 秦因攻趙, 趙發兵擊秦, 相距. 秦使
    武安君白起擊, 大破趙于長平, 四十余万盡殺之."(『史記·秦本紀』).

36 위안텅페이(심규호 옮김), 『위안텅페이 삼국지 강의』, 라의눈, 2016년, 274쪽.

37 원문은 다음과 같다. "『曹瞞傳』曰: 公聞攸來, 跣出迎之, 撫掌笑曰:「子卿遠)[子遠, 卿)來,
    吾事濟矣！」旣入坐, 謂公曰:「袁氏軍盛, 何以待之? 今有幾糧乎?」公曰:「尙可支一歲」
    攸曰:「無是, 更言之！」又曰:「可支半歲」攸曰:「足下不欲破袁氏邪, 何言之不實也！」
    公曰:「向言戱之耳. 其實可一月, 爲之奈何？」攸曰:「公孤軍獨守, 外無救援而糧穀已盡,
    此危急之日也. 今袁氏輜重有萬餘乘, 在故市, 烏巢, 屯軍無嚴備；今以輕兵襲之, 不意而
    至, 燔其積聚, 不過三日, 袁氏自敗也.」"(『三國志』卷1 裴松之 注).

38 원문은 다음과 같다. "劉, 項之不敵, 公所知也. 漢祖唯智勝, 項羽雖强, 終爲所禽. 嘉竊料
    之, 紹有十敗, 公有十勝, 紹雖兵强, 无能爲也. 紹繁禮多儀, 公體任自然, 此道勝一也. 紹以
    逆動, 公奉順以率天下, 此義勝二也. 漢末政失于寬, 紹以寬濟寬, 故不懾, 公糾之以猛, 而
    上下知制, 此治勝三也. 紹外寬內忌, 用人而疑之, 所任唯親戚子弟, 公外易簡而内机明,
    用人无疑, 唯才所宜, 不問遠近, 此度勝四也. 紹多謀少決, 失在后事, 公策得輒行, 應變无
    窮, 此謀勝五也. 紹因累世之資, 高議揖讓以收名譽, 士之好言飾外者多歸之, 公以至心待
    人, 推誠而行, 不爲虛美, 以儉率下, 與有功者無所吝, 士之忠正遠見而有實者皆愿爲用,
    此德勝六也. 紹見人飢寒, 恤念之形于顔色, 其所不見, 慮或不及也, 所謂婦人之仁耳, 公

于目前小事, 時有所忽, 至于大事, 與四海接, 恩之所加, 皆過其望, 雖所不見, 慮之所周, 無不濟也, 此仁勝七也. 紹大臣爭權, 讒言惑亂, 公御下以道, 浸潤不行, 此明勝八也. 紹是非不可知, 公所是進之以禮, 所不是正之以法, 此文勝九也. 紹好爲虛勢, 不知兵要, 公以少克衆, 用兵如神, 軍人恃之, 敵人畏之, 此武勝十也. 公有此十勝, 于以敗紹无難矣. (『三國志』『魏書』「郭嘉列傳」).

39 원문은 다음과 같다. "唯奉孝爲能知孤意." (『三國志』『魏書』「郭嘉列傳」).

40 류뱌오가 죽고 차오차오가 징저우를 침입하자 류베이는 강남으로 달아났다. 차오차오가 추격하여 하루 밤낮 만에 당양의 창반포에서 따라잡았다. 류베이는 차오차오가 왔다는 말을 듣고 처자를 버리고 달아나면서, 장페이에게 기병 20명으로 뒤를 막게 하였다. 장페이가 강을 점거하여 다리를 끊고 눈을 부릅뜨고 창을 가로 잡고 말하였다. "나는 장이더張益德(장익덕)다. 함께 죽을 자 나와라!" 적들은 누구 하나 가까이 다가서는 자 없었다. 이에 류베이는 어려움을 벗어날 수 있었다. 表卒, 曹公入荊州, 先主奔江南. 曹公追之, 一日一夜, 及於當陽之長阪. 先主聞曹公卒至, 棄妻子走, 使飛將二十騎拒後. 飛據水斷橋, 瞋目橫矛曰:「身是張益德也, 可來共決死!」敵皆無敢近者, 故遂得免. (『三國志』卷36, 「蜀書」關張馬黃趙傳).

41 "자오윈은 자가 쯔룽이며 창산 전딩 사람이다. 본래 궁쑨짠 아래 있었으나, 궁쑨짠이 류베이를 보내 톈카이를 위해 위안사오에 대항하도록 했을 때 자오윈이 수행했으며 류베이의 주력 기병이 되었다. 류베이가 당양의 창반포에서 차오차오의 추격을 받고 처자를 버리고 남으로 달아나자, 자오윈이 어린 아들[후주]를 안고 간 부인[류찬의 모친]을 보호하여 어려움을 면하게 하였다. 趙雲字子龍, 常山眞定人也. 本屬公孫瓚, 瓚遣先主爲田楷拒袁紹, 雲遂隨從, 爲先主主騎. 及先主爲曹公所追於當陽長阪, 棄妻子南走, 雲身抱弱子(卽後主也), 保護甘夫人(卽後主母也), 皆得免難." (『三國志』卷36, 「蜀書」關張馬黃趙傳).

42 위안텅페이(심규호 옮김), 『위안텅페이 삼국지 강의』, 라의눈, 2016년, 386쪽.

43 박한제, 『박한제 교수의 중국 역사 기행 1, 영웅시대의 빛과 그늘』, 사계절, 2003년, 231~232쪽.

44 박한제, 『박한제 교수의 중국 역사 기행 1, 영웅시대의 빛과 그늘』, 사계절, 2003년, 232쪽.

45 신성곤·윤혜영, 『한국인을 위한 중국사』, 서해문집, 2004년, 137쪽.

46 레이 황(권중달 옮김), 『허드슨 강변에서 중국사를 이야기하다』, 서울; 푸른역사, 2001년, 186쪽.

47 박한제, 『박한제 교수의 중국 역사 기행 2, 강남의 낭만과 비극』, 사계절, 2003년, 158쪽.

48 박한제, 『박한제 교수의 중국 역사 기행 2, 강남의 낭만과 비극』, 사계절, 2003년, 160쪽.

49 박한제, 『박한제 교수의 중국 역사 기행 1, 영웅시대의 빛과 그늘』, 사계절, 2003년, 19쪽.

50 박한제, 『박한제 교수의 중국 역사 기행 1, 영웅시대의 빛과 그늘』, 사계절, 2003년, 209쪽.

51 레이 황(권중달 옮김), 『허드슨 강변에서 중국사를 이야기하다』, 서울; 푸른역사, 2001년, 191쪽.

52 마귈론 투생-사마(이덕환 역), 『먹거리의 역사 · 하』, 까치글방, 2002년, 298~299쪽.

53 이상 네이버 검색 참고.

54 서경호, 『아편전쟁』, 일조각, 2020년, 65쪽.

55 서경호, 『아편전쟁』, 일조각, 2020년, 68쪽.

56 쉬보링徐伯齡, 『담정준蟬精雋』 16책[청 文淵閣 四庫全書本, 1415쪽(서경호, 『아편전쟁』, 일조각, 2020년, 68쪽에서 재인용)].

57 서경호, 『아편전쟁』, 일조각, 2020년, 74~75쪽 참고.

58 서경호, 『아편전쟁』, 일조각, 2020년, 253쪽.

59 서경호, 『아편전쟁』, 일조각, 2020년, 258쪽.

60 서경호, 『아편전쟁』, 일조각, 2020년, 284~285쪽.

61 서경호, 『아편전쟁』, 일조각, 2020년, 184쪽.

62 신성곤 · 윤혜영, 『한국인을 위한 중국사』, 서해문집, 2004년, 284쪽.

63 서경호, 『아편전쟁』, 일조각, 2020년, 303쪽.

64 서경호, 『아편전쟁』, 일조각, 2020년, 401쪽.

65 서경호, 『아편전쟁』(일조각, 2020년) 303~458쪽 참고.

66 젠보잔翦伯贊(이진복, 김진옥 옮김), 『중국전사 하』, 학민사, 1990년, 318쪽.

67 젠보잔翦伯贊(이진복, 김진옥 옮김), 『중국전사 하』, 학민사, 1990년, 319쪽.

68 히메다 미츠요시姬田光義 외, 『중국근현대사』, 일월서각, 1985년, 19쪽.

69 김용옥, 『루어투어시앙쯔 윗대목』, 서울; 통나무, 1997년 중판, 87쪽.

전쟁으로 읽는 중국사

초 판 1쇄 인쇄·2022. 4. 22.
초 판 1쇄 발행·2022. 4. 30.

지은이   조관희
발행인   이상용
발행처   청아출판사
출판등록   1979. 11. 13. 제9-84호
주소   경기도 파주시 회동길 363-15
대표전화   031-955-6031   팩스 031-955-6036
전자우편   chungabook@naver.com

ⓒ 조관희, 2022
ISBN 978-89-368-1204-1 03910

값은 뒤표지에 있습니다.
잘못된 책은 구입한 서점에서 바꾸어 드립니다.
본 도서에 대한 문의사항은 이메일을 통해 주십시오.